Historische Feuerwehr im Einsatz

Udo Paulitz

Historische Feuerwehr im Einsatz

Fahrzeuge und Brandbekämpfung

Kosmos

326 Fotos aus den untengenannten Archiven (die Nummern in Klammern finden sich bei den jeweiligen Abbildungstexten wieder).
Feuerwehren: Köln (02) 44, Chemnitz (03) 7, Düsseldorf (04) 12, Mannheim (06) 9, Neu-Isenburg (07) 3, Hamburg (11) 24, Wernigerode (12) 1, Grevelsberg (13) 1, Hof (14) 14, Landau (15), 1, Wedel (16) 1, Wiesbaden (17) 2, Ulm (18) 1, Geesthacht (20) 4, Göttingen (21) 3, Wolfsburg (22) 3, Oelde (23) 5, Essen (25) 1, Krefeld (26) 2, Bochum (27) 2, Ostenfelde (28) 3, Baiersdorf (30) 1, Berlin (31) 3, Hannover (32) 7, Eicherscheid (33) 1, Mülheim/R. (34) 4, Dachau (35) 2, Düren (36) 3, Freiburg (37) 1, Lette (38) 1, Solingen (39) 2, Rendsburg (40) 1, Castrop-Rauxel (41) 3, Kreuztal (42) 1, Dortmund (43) 9, Clausthal-Zellerfeld (44) 1, Osnabrück (45) 2, Neuenkirchen b. Rietberg (46) 1, Remscheid (48) 1, Gifhorn (49) 1, Neuss (51) 3, Plauen (53) 2, Rostock (54) 1, Leipzig (55) 2, Dessau (57) 1, Starnberg (58) 1, Lüneburg (59) 1, Hagen (60) 2, Heilbronn (62) 12, Fürth (63) 1, Nürnberg (65) 9, Herzebrock (66) 6, Neuenkirchen b. Soltau (67) 1, Sigmaringen (68) 1, Nordkirchen (70) 1, Husum (72) 4, Wunstorf (73) 1. *Werkfeuerwehren:* BASF (10) 2, Henkel (19) 2, Bayer-Werke (24) 2, Saarbergwerke (47) 1, Buderus (50) 1, Buna (56) 1, Enka (69) 1. *Werksarchive:* Mercedes-Benz (05) 24, Metz (08) 9, Magirus (09) 2, Bachert (52) 1. *Privatsammlungen:* Paulitz (01) 38, Unkel (29) 2, Gerth (64) 1, Dhonau (71) 1, Jost (75) 1. 11 Prospektfaksimile aus der Sammlung des Verfassers.

Umschlaggestaltung von Atelier Reichert, Stuttgart, unter Verwendung von Aufnahmen des Verfassers.

Zum Bild auf Seite 2: „Ja, mir san mit dem Radl do!“ Zwar kein motorgetriebenes, dafür aber ein höchst bemerkenswertes Versuchsgefährt auf Muskelbasis. Aufgenommen am 1. 3. 1907 bei der FF Berlin-Steglitz. (01)

Die Deutsche Bibliothek – CIP-Einheitsaufnahme

Historische Feuerwehr im Einsatz : Fahrzeuge und Brandbekämpfung / Udo Paulitz. – Stuttgart : Kosmos, 1997
ISBN 3-440-07265-7
NE: Paulitz, Udo

ISBN 3-440-07265-7
Lektorat und Herstellung: Siegfried Fischer, Stuttgart
Printed in Germany/Imprimé en Allemagne
Satz: Typomedia Satztechnik, Ostfildern
Gesamtherstellung: Westermann Druck Zwickau GmbH, Zwickau

Literaturverzeichnis:
Bertold/Matern, München im Bombenkrieg
Boniface/Jendy, US-Army Vehicles of World War II
Brunswig, Feuersturm über Hamburg
Brunswig, Die Fahrzeuge der Feuerwehr
Die Automobilisierung der Stuttgarter Berufsfeuerwehr
Foedrowitz, Feuerwehrfahrzeuge im Einsatz 1939–45
Gihl, Drehleitern
Giller/Mierke/Petig, 100 Jahre BF Kassel 1891–1991
Grube/Richter, Alltag im Dritten Reich
Hampe, Der zivile Luftschutz im Zweiten Weltkrieg
Hampe, Als alles in Scherben fiel
Hampe/Bradley, Die unbekannte Armee – Die Technischen Truppen im 2. Weltkrieg –
Herth, Sonderlöschfahrzeuge
Johanßen, Deutsche Feuerwehrfahrzeuge aller Zeiten
Orth, Feuerwehr in der Geschichte
Oswald/Gihl, Fahrzeuge der Feuerwehr und des Rettungsdienstes
Oswald, Kraftfahrzeuge und Panzer der Reichswehr, Wehrmacht u. Bundeswehr
Oswald, Lastwagen, Lieferwagen, Transporter 1945–1988
Oswald, Deutsche Autos 1920–1945
Oswald, Mercedes-Benz, Lastwagen u. Omnibusse
Oswald, Die Kraftfahrzeuge der Polizei und des Bundesgrenzschutzes
Oswald, Kraftfahrzeuge der DDR
Oswald, Autos in Deutschland 1945–1966
Paulitz, Alte Feuerwehrfahrzeuge in Deutschland
Paulitz, Historische Feuerwehren
Paulitz, Feuerwehr-Raritäten
Regenberg, Büssing
Rode, Die Fliegerhorstfeuerwehr der Deutschen Luftwaffe von 1935–1945
Rumpf, Der hochrote Hahn
Schäfer, Berlin im 2. Weltkrieg
Seidler, Blitzmädchen – Die Geschichte der Helferinnen der deutschen Wehrmacht
Strumpf, Die Berliner Feuerwehr
Voß, Kraftfahrzeuge der Feuerwehr Düsseldorf – Ein Überblick von der Motorisierung 1910–1986 (i. Ms.)
Blaulicht-Fahrzeug-Magazin, verschiedene Jahrgänge und Hefte
Brekina-Sonderhefte, verschiedene Jahrgänge und Hefte
Brandschutz, verschiedene Jahrgänge und Hefte
Der Feuerwehrmann, verschiedene Jahrgänge und Hefte
Brandwacht, verschiedene Jahrgänge und Hefte
Die Feuerwehr, verschiedene Jahrgänge und Hefte
Deutscher Feuerschutz, verschiedene Jahrgänge und Hefte
Feuerwehr-Magazin, verschiedene Jahrgänge und Hefte
112, verschiedene Jahrgänge und Hefte
Historischer Kraftverkehr bzw. „Elefant“, verschiedene Jahrgänge und Hefte
Fahrzeugbeschreibungen, Werksunterlagen der Aufbau- und Fahrgestellhersteller
verschiedene Jubiläumshefte und Festschriften von Feuerwehren
eigene Aufzeichnungen

Inhalt

Vorwort 6

1. Die Entwicklung der Feuerwehrmotorisierung bis zum Jahre 1918 7

Mit dem Löscheimer begann es 7

Die Dampfspritze stellt ihre Zuverlässigkeit unter Beweis 7

Gottlieb Daimler erfindet den Verbrennungsmotor 8

Das Ende der Pferdehaltung zeichnet sich ab 10

Die ersten motorgetriebenen Feuerwehrfahrzeuge . . . 10

Branddirektor Reichel fördert die Feuerwehrmotorisierung 10

Der Elektroantrieb bietet viele Vorzüge 12

Die Berufsfeuerwehr Frankfurt setzt auf den Verbrennungsantrieb 14

Motorisierung auch bei den Drehleitern 17

Der Verbrennungsmotor setzt sich durch 17

2. Das moderne Feuerwehrfahrzeug entsteht 18

Beschleunigte Fortsetzung der Feuerwehrmotorisierung 18

Die Automobilspritze – das wichtigste Standardfahrzeug der zwanziger Jahre 19

Brand des „Neuen Baus" in Ulm 23

Das Erscheinungsbild der Feuerwehrfahrzeuge ändert sich 25

Beschaffung von Spezialfahrzeugen 27

Normung und Vereinheitlichung – wichtiger denn je 29

Der Dieselantrieb wird angeordnet 33

3. Vereinheitlichung des Fahrzeugparks und Einsätze im Krieg 36

Die Feuerwehren werden der Polizei unterstellt 36

Entwicklung einheitlicher Feuerwehrfahrzeuge 37

Weitere Typenbegrenzungen durch den Schell-Plan 41

Bewährung der Fahrzeuge im Einsatz 45

Vielfältige Aufgaben der Feuerlöschkräfte im Zweiten Weltkrieg 49

Der Beginn des Luftbrandkrieges 52

Die F. u. E.-Bereitschaft Kempten im Kriegseinsatz. 54

Bombenterror, Feuerstürme und Wassergassen 63

Personelle Engpässe 65

Der Zusammenbruch 67

4. Nachkriegssituation und Feuerwehrfahrzeugentwicklung in den Jahren des Wirtschaftswunders 69

Entmilitarisierung und Entnazifizierung 69

Mühsamer Aufbau des Fahrzeugparks 69

Umbauten und Provisorien 72

Wiederaufbau unter größten Schwierigkeiten 76

Unvorstellbare Einsatzbedingungen 78

Waldbrand im Arnspitzgebiet bei Mittenwald im Spätsommer 1947 79

Währungsreform und Normung 80

Die Beschaffung neuer Fahrzeuge 82

Tanklöschfahrzeuge retten einen Bauernhof 99

Die DDR betreibt eine eigenständige Feuerwehrfahrzeugentwicklung 103

Schwerer Unfall einer Kraftzugspritze KzS 8 auf Alarmfahrt 108

Zerknall von Speicherbehältern einer Gastankstelle in Düsseldorf-Flingern 1957 113

Krankenhaus Hagen-Haspe in Flammen 119

Brand des Ringkaufhauses in Nürnberg 127

Großfeuer vernichtet Holzlager im Husumer Stadtzentrum 143

Explosion eines Munitionswaggons auf dem Güterbahnhof Hannover-Linden 147

Feuer auf dem Clarholzer Bauernhof 153

Der schwärzeste Tag in der Geschichte der Freiwilligen Feuerwehr Herzebrock 154

Tankzug-Brand auf der A 81 im März 1972 157

(Kursive Überschriften – Brandberichte)

Vorwort

Der gute Erfolg meiner Dokumentation „Historische Feuerwehren – Fahrzeuge und Einsätze von 1900 – 1970" und die positive Kritik der Fachwelt ermutigten Verlag und Autor, ein weiteres Werk über diese Thematik herauszugeben, wobei sich beide Bücher gegenseitig ergänzen sollen und unabhängig voneinander gelesen werden können.
Während die bewährte chronologische Gliederung nach Kapiteln beibehalten wurde, wird der Leser und Betrachter feststellen, daß das Bildmaterial wieder fast ausschließlich aus unbekannten und unveröffentlichten historischen Fotoaufnahmen besteht. Bei den Texten wurde versucht, viele nicht oder nur wenig bekannte Tatsachen und Fakten wiederzugeben. Bild- und Textwiederholungen zum ersten Buch wurden weitgehendst vermieden.
Als völlig neue Komponente wurde eine größere Anzahl Einsätze in Wort und Bild dokumentiert. Denn gerade hier wird deutlich, welch hohen physischen und psychischen Belastungen der einzelne Feuerwehrmann, dessen Hand die Geräte bedient und der oftmals unter Einsatz seines Lebens Lösch- und Hilfeleistungseinsätze durchführen muß, ausgesetzt ist. Leider waren keine Berichte aus der ehemaligen DDR verfügbar.
Der überwiegende Teil dieser Schilderungen stammt aus dem Zeitraum ab 1945. Das liegt vor allem in der schwierigen Quellenlage begründet, denn nur in ganz wenigen Fällen gelang es, zu einem vorhandenen Bericht auch entsprechende Fotoaufnahmen, die vor allem Fahrzeuge im Einsatz zeigen sollen, zu finden. Der seinerzeit spektakuläre Brand in Öschelbronn, der 1933 praktisch ein ganzes Dorf vernichtete, ist beispielsweise nirgends im Bild festgehalten worden, zumindest nicht in der Phase des Löscheinsatzes.
Einen besonderen Schwerpunkt findet der Leser in der Darstellung der heute noch immer ungenügend bewältigten Zeit des Dritten Reiches – aus Sicht der Feuerwehren – und der äußerst gefahrvollen Einsätze während des Zweiten Weltkrieges. Was damals von den Feuerwehrmännern bei den in der zweiten Kriegshälfte fast täglich stattfindenden Bombenangriffen, oftmals unter Einsatz des Lebens, geleistet wurde, verdient unsere uneingeschränkte Hochachtung und Anerkennung.
Leider sind diese mit Recht als Heldentaten zu bezeichnenden Handlungen weitgehend in Vergessenheit geraten, und ob den Beteiligten jemals ein dem großen Risiko angemessener Dank ausgesprochen wurde oder noch wird, wage ich zu bezweifeln! Die meisten weilen eh schon nicht mehr unter den Lebenden oder befinden sich in hohem Greisenalter.
Auch die überaus schwierigen, heute nicht mehr vorstellbaren Verhältnisse, denen die Feuerwehren noch lange nach Beendigung der Kampfhandlungen gegenüberstanden, werden ausführlich beschrieben und sollen zum Nachdenken in unserer heutigen „perfektionierten" Wohlstandsgesellschaft anregen.
Das Bildmaterial selbst entstammt – wie schon bei dem Buch „Historische Feuerwehren" – überwiegend aus Privatsammlungen, Feuerwehrarchiven oder aus Bildsammlungen der Fahrgestell- und Feuerwehrgeräteindustrie. Leider gelang es nur wenige Quellen aus den neuen, östlichen Bundesländern zu erschließen. Daher überwiegen zwangsläufig die Fotoaufnahmen aus Westdeutschland, was keineswegs beabsichtigt war.
Bei der Bildqualität bitte ich das Alter der Aufnahmen und die vor Jahrzehnten noch überwiegend schlechte und mit unserem heutigen Material nicht vergleichbare Qualität des Filmmaterials zu berücksichtigen. Auch handelt es sich zu einem größeren Teil um Amateuraufnahmen. Von den meisten der hier gezeigten Abbildungen existieren keine Negative mehr, und bei der Reproduktion mußten Qualitätsverluste in Kauf genommen werden.
Wenn in diesem Buch der Anteil der Einsatzaufnahmen etwas stärker betont wird, hoffe ich, Wunsch und Erwartungen der überwiegenden Zahl der Leser mit dieser Auswahl und Entscheidung zufriedenzustellen.
Ich möchte an dieser Stelle allen denen herzlich danken, die mich bei dieser Arbeit unterstützt haben, meinen Freunden, auf deren Hilfe ich stets rechnen konnte, sowie den vielen Feuerwehrmännern und Privatpersonen, die mir Bilder und Daten – oftmals unter großem Suchaufwand – zur Verfügung stellten oder mit sachdienlichen Hinweisen helfen konnten.
Fehler, Lücken und Unrichtigkeiten haben sich – aufgrund mangelhafter Quellenlage, aber auch aufgrund der eigenen Unzulänglichkeit – mit Sicherheit nicht ganz vermeiden lassen. Sollten Sie solche feststellen, bitte ich höflich um Nachsicht und Richtigstellung.
Verfügen Sie selbst über ältere Fotoaufnahmen, oder ist Ihnen die Existenz solcher Quellen bekannt? Dann würde ich mich über Ihre Zuschrift sehr freuen. Zwecks Erweiterung meines Foto- und Materialarchivs, auch im Hinblick auf zukünftige Veröffentlichungen, suche ich Material von Fahrzeugen aus der Zeit vor 1970 in der Art, wie Sie es hier abgebildet finden. Besonders wertvoll wären Aufnahmen und Berichte unmittelbar Beteiligter aus der Kriegszeit. Schonende Behandlung und umgehende Rückgabe des Materials sichere ich hiermit ausdrücklich zu.
Viel Freude an diesem Buch wünscht Ihnen, liebe Leser,

Udo Paulitz
Braunsberger Weg 69
47279 Duisburg

1. Die Entwicklung der Feuerwehrmotorisierung bis zum Jahre 1918

Mit dem Löscheimer begann es

Löscheimer, tragbare Leitern und Handdruckspritzen waren die wesentlichen Ausrüstungsgegenstände, mit denen bis zum Beginn des vorigen Jahrhunderts – in Dörfern und kleinen Städten auch noch weitere 100 Jahre danach – Brände bekämpft werden konnten. Ein wesentlicher Nachteil dieser Geräte war die Abhängigkeit von Muskelkraft und Ausdauer der Menschen, die diese bedienten. Eine Handdruckspritze, das damals leistungsfähigste Feuerlöschgerät, erforderte ungefähr 16 – 24 Mann Bedienungs- und Ablösepersonal und war trotz dieses nach heutigen Verhältnissen enormen Aufwandes nur in der Lage, kaum mehr als 150 – 300 Liter Wasser pro Minute zu fördern.
Da mit solchen Leistungen nicht viel Staat zu machen war, verwundert es nicht, daß selbst kleinere Brände oftmals nicht gelöscht werden konnten, waren sie einmal außer Kontrolle geraten. Von den verheerenden Feuersbrünsten, die viele der eng bebauten, vorwiegend in Holz- oder Fachwerkbauweise errichteten Ortschaften und Städte in mehr oder weniger regelmäßigen Abständen heimsuchten, ganz zu schweigen.

Die Dampfspritze stellt ihre Zuverlässigkeit unter Beweis

Eine erste Abhilfe bot die Dampfmaschine, die Anfang des vorigen Jahrhunderts ihre Zuverlässigkeit unter Beweis gestellt hatte und nun vermehrt, nicht nur in der Industrie und im Verkehrswesen, die menschliche und tierische Arbeitsleistung zu ersetzen begann. Ende der 20er Jahre des 19. Jahrhunderts wurden – zunächst in England und in den Vereinigten Staaten – die ersten von Dampfkraft betriebenen Feuerlöschpumpen entwickelt. Diese Pumpen setzte man, zusammen mit dem stehenden Hochdruckdampfkessel, auf Fahrgestelle, die von Pferden gezogen werden konnten.
Obwohl in Deutschland die königliche Schloßverwaltung in Berlin in den 30er Jahren aus England die erste Dampfspritze erwarb, dauerte es noch bis weit in die 70er Jahre, bevor in größerem Umfang Dampfspritzen bei einigen deutschen Berufsfeuerwehren in Dienst gestellt wurden.
Wie eine größere Wehr damals ausgerüstet war, ist aus Düsseldorf überliefert. Demnach verfügte die Berufsfeuerwehr Düsseldorf 1872, im Jahre ihrer Gründung, über folgende Geräte:

- 13 fahrbare Spritzen (Handbetrieb)
- 4 Zubringerspritzen
- 6 Handspritzen
- 371 Eimer
- 29 Feuerhaken
- 22 Feuer- und Rettungsleitern

Die erste Dampfspritze wurde erst 20 Jahre später, im Jahr 1892, bei der Aachener Feuerwehrgerätefabrik Josef Beduwe geordert. Sie war selbstfahrend konstruiert, wobei die Dampfmaschine gleichzeitig als Antriebskraft für das Fahr-

Pneumatische Leiter für Pferdezug, Modell Schapler, gebaut von der Firma J. S. Friess & Söhne, Frankfurt a. M., für die BF Breslau. (02)

Große Dampfspritze für Pferdezug der Hamburger Feuerwehr, aufgenommen etwa 1902. (02)

zeug diente und somit auf Pferde verzichtet werden konnte. Die Dampfspritzen, die gegen Ende des vorigen Jahrhunderts in immer vollkommeneren Formen erhältlich waren, erwiesen sich als sehr zuverlässige Geräte und waren in der Lage, bis zu 2000 Liter Wasser pro Minute zu fördern. Sie waren jedoch sehr schwer und ungelenk. Außerdem mußte der Kessel ständig vorgewärmt sein, um im Ernstfall sofort in Betrieb genommen werden zu können.

Gottlieb Daimler erfindet den Verbrennungsmotor

1885 hatte Gottlieb Daimler einen Verbrennungsmotor entwickelt und ihn mit Erfolg erprobt. Daher konnte auf dem 13. Deutschen Feuerwehrtag, der im Juli 1888 in Hannover stattfand, die erste Benzinmotorspritze der Welt, die den schnellaufenden Benzinmotor zum Antrieb einer Feuerlöschpumpe benutzte, dem Publikum vorgestellt werden. Sie besaß einen etwa 1 PS starken Einzylindermotor, der mit einer vom Stuttgarter Glockengießer und Spritzenfabrikanten Heinrich Kurtz hergestellten Kolbenpumpe gekuppelt war und auf einem wahlweise für Hand- oder Pferdezug

Selbstfahrende Dampfspritze, Hersteller Firma Busch, Bautzen, aufgenommen 1905 auf dem Übungsplatz Hedwigstraße der BF Chemnitz. Links der damalige Branddirektor Weigand. (03)

Pferdegezogene Dampfspritze der BF Duisburg im Einsatz. (01)

konstruierten Wagen transportiert wurde. Daimlers dritte Benzinmotorspritze von 1892 besaß bereits einen 6-PS-Zweizylindermotor und förderte 300 Liter Wasser pro Minute. Ein Jahr später präsentierte Magirus seine erste Motorspritze, die mit einem 8-PS-Daimler-Motor mit Glührohrzündung ausgerüstet war. Die Spritze lieferte 400 – 700 l/min, benötigte aber fünf Minuten bis zur Betriebsbereitschaft. Anfänglich konnten sich diese neuen Benzinmotorspritzen noch nicht gegen die gebräuchlichen Dampfspritzen durchsetzen, obwohl ihre Leistungen ständig gesteigert werden konnten. Die von Magirus auf der Berliner Feuerwehrausstellung des Jahres 1901 vorgestellte Spritze verfügte nunmehr über bereits 12 PS Leistung. Sie trieb eine dreizylindrige Kolbenpumpe an. Der mit elektromagnetischer Zündung ausgerüstete Motor reduzierte die Startzeit auf nur noch acht Sekunden, und nach bereits 17 Sekunden förderte sie Wasser. Die Leistung betrug 850 l/min, und die Bedienung konnte bequem durch einen Mann erfolgen.

Elektromobile Gasspritze der Kölner Feuerwache Rheinauhafen, aufgenommen etwa 1906. Dieses von der Wagenbauanstalt und Waggonfabrik W. C. F. Busch, Bautzen, beschaffte Fahrzeug entstand nach dem Muster eines ähnlichen für die BF Hannover gebauten Wagens. Zum Antrieb standen zwei Motoren à 2,5 PS, jeweils für ein Hinterrad, zur Verfügung. Die Höchstgeschwindigkeit betrug 16 km/h und die Reichweite 28 Kilometer bei einer Akkumulatorenladung. Neben einem 450-l-Wassertank wurden zwei Flaschen mit CO_2 à 8 kg mitgeführt. Das Gesamtgewicht betrug 4546 kg und die Außerdienststellung erfolgte am 20. 6. 1921. (02)

Elektromobile Dampfspritze, Marke Lloyd, Bremen, 1911 von der Düsseldorfer Berufsfeuerwehr in Dienst gestellt. Gesamtgewicht 6850 kg, Höchstgeschwindigkeit 40,9 km/h, Aktionsradius 110 km. Die Aufnahme entstand auf dem Hof der Hauptfeuerwache Hüttenstraße. (04)

Das Ende der Pferdehaltung zeichnet sich ab

Der nächste bedeutende Schritt war die Suche nach einer geeigneten Motorisierungsmöglichkeit für die bislang bespannten Fahrzeuge, denn der durch den Ausbau der Berufsfeuerwehren rasch wachsende Pferdebestand – fast alle freiwilligen Feuerwehren besaßen nur Vertragsgespanne, die im Brandfall von zivilen Haltern zur Verfügung gestellt wurden – ließ die Kosten in astronomische Höhen schnellen. Die Frankfurter Feuerwehr z. B. verfügte 1903 über 35 Pferde, für deren Ersatz jeweils 1400 Mark gezahlt werden mußten. Auch wenn, wie spätere genaue Kostenanalysen ergaben, die Anschaffungskosten für automobile Fahrzeuge ungefähr die zweifache Höhe der Pferdefahrzeuge erreichten, ergaben sich bei den laufenden Betriebskosten, besonders hinsichtlich des täglich benötigten Pferdefutters, so gravierende Unterschiede zu Gunsten der Motorfahrzeuge, daß sich deren Beschaffungskosten schnell amortisierten. Aber nicht nur Kostengründe, sondern auch Probleme der Hygiene (Pferde erkrankten z. B. häufig an der sog. Brustseuche), Übertragung von Krankheiten auf die Wehrmänner, Geruchs- und Lärmbelästigungen machten auch den Befürwortern klar, daß die Pferdehaltung nicht mehr zeitgemäß sei.

Die ersten motorgetriebenen Feuerwehrfahrzeuge

Am 9. August 1899 hatte die Berufsfeuerwehr Breslau bereits ein benzinbetriebenes Vortrupp-Motorvierrad in Dienst gestellt. Etwa zur gleichen Zeit wurden auch vom Pariser Feuerwehrregiment und von der Wiener Berufsfeuerwehr Versuche unternommen, den Verbrennungsmotor als Antrieb für Feuerwehrfahrzeuge einzusetzen. Allerdings gewann man dabei „sehr ungünstige Resultate“, was beide Wehren zur Anschaffung von Elektromobilen veranlaßte.

Die Feuerwehren meldeten besondere Bedenken an, den Verbrennungsmotor auch zum Antrieb für das Feuerwehrfahrzeug zu verwenden. Man konnte doch unmöglich „mit Benzin zum Feuer fahren!“ Diese Auffassung änderte sich auch nicht, als nach der Jahrhundertwende das Automobil im Straßenverkehr immer mehr in Erscheinung trat. Es entbrannte vielmehr ein erbitterter Wortstreit unter den Branddirektoren der Großstädte um die am besten geeignete Antriebsart für Feuerwehrfahrzeuge. Es standen ja neben dem Benzinmotor auch die Dampfmaschine und der Elektromotor zur Wahl. So verwundert es nicht, daß in einem möglicherweise nicht ganz vollständigen, im Jahr 1907 erschienenen Bericht über die in deutschen Städten für den Feuerlöschdienst eingestellten Motorfahrzeuge nur fünf Benzinautomobile aufgeführt waren:

- 2 Vortrupp-Motorfahrräder – Breslau,
- 1 Motorwagen für Samariterhilfe – Breslau,
- 1 Gasspritze – Grunewald,
- 1 Offizierswagen – Hamburg.

Die anfänglich noch keineswegs ausreichende betriebliche Zuverlässigkeit des Verbrennungsmotors, die ja gerade für Feuerwehrfahrzeuge unbedingt erforderlich war, trug ebenfalls dazu bei, daß in den ersten Jahren vor allem Fahrzeuge mit elektromobilem Antrieb und in geringem Umfang auch solche mit Dampfantrieb beschafft wurden.

Branddirektor Reichel fördert die Feuerwehrmotorisierung

Pionierarbeit hinsichtlich der Motorisierungsbestrebungen der Feuerwehren leistete der damalige Branddirektor von Hannover, Reichel, der am 19. Februar 1902 den ersten

Drehleiter mit elektromobilem Fahrantrieb und elektrischem Antrieb der Auszugs- und Aufrichtegetriebe, aufgenommen 1911 auf der Feuerwache Gießener Straße der Kölner Feuerwehr. Das Fahrzeug wurde von den Cölner-Elektromobil-Werken Heinrich Scheele, Köln-Lindenthal, geliefert und besaß Radnabenmotoren von insgesamt 18 PS. Die Akkumulatorenbatterie verfügte über 80 Zellen. (02)

kompletten Automobil-Löschzug der Welt in Dienst stellen konnte. Hydrantenwagen und Gasspritze besaßen batterieelektrischen Antrieb, die Dampfspritze war selbstfahrend, wurde also mit Dampfkraft betrieben. Der automobile Löschzug wurde von der Firma Busch, Bautzen, in Zusammenarbeit mit der Motorenfabrik Berlin-Marienfelde, von der die elektrische Ausrüstung der elektrisch zu betreibenden Fahrzeuge kam, hergestellt. Vereinbarungsgemäß lief der Löschzug in Hannover drei Monate zur Probe, die er erfolgreich bestand. Er wurde anschließend zu einem Gesamtpreis von 42 400 Reichsmark angekauft.
Die leistungstechnischen Daten waren aber, verglichen mit den heutigen Fahrzeugen, noch überaus bescheiden. Die Höchstgeschwindigkeit der beiden elektrisch betriebenen Fahrzeuge betrug ganze 16 km/h (die Dampfspritze schaffte sogar 20 km/h), und eine Batterieladung reichte für höchstens 25 Fahrkilometer, was den Aktionsradius und die Einsatzmöglichkeiten sehr begrenzte. Bei Einsatzfahrten mußte diesem schnellen Löschzug ständig ein Mann mit dem Fahrrad vorausfahren, um die Passanten vor den sich

Ein elektromobiles Löschfahrzeug des gleichen Herstellers, das am 20. 9. 1910 von der Kölner Feuerwache Rathaus probehalber in Dienst gestellt wurde. Die Besatzung der Elektromotorspritze betrug sechs Mann, das Gewicht 5898 kg und die Höchstgeschwindigkeit 35 km/h. Man beachte die ledergepolsterten Sitze und die „stromlinienförmig" glatt ausgebildete Haube, unter der sich die Batteriezellen verbargen. 1919 wurde diese Spritze auf Verbrennungsantrieb umgestellt. Aufnahme ca. 1911 auf der Feuerwache Deutz. (02)

Daimler-3-t-Motorspritze mit 1500-l-Schiele-Pumpe, aufgenommen bei der BF Breslau, die am 22.12.1912 insgesamt sieben Motorfahrzeuge verschiedener Verwendungszwecke in Dienst stellte. (05)

mit hoher Geschwindigkeit nähernden Feuerwehrfahrzeugen zu warnen.
Die Reaktion der Fachwelt auf diesen automobilen Löschzug war geteilt. Sie schwankte zwischen begeisterter Zustimmung und eisiger Ablehnung. Man darf dabei nicht vergessen, daß die damals eher konservativen Branddirektoren noch allgemein die Ansicht vertraten, daß die Dampfspritze das Ideal eines Löschgeräts für jede Feuerwehr sei. 1904 baute Magirus in Ulm einen „dampfautomobilen" Löschzug für die Berufsfeuerwehr Köln, der aus Autospritze und Drehleiter - beide mit Dampfantrieb - bestand.
Der Streit um die Antriebsart für Feuerwehrfahrzeuge verschärfte sich jetzt zusehends, und es gab anfänglich nur wenige überzeugte Verfechter des Benzinmotors, zu denen u. a. die Branddirektoren Scholz aus Aachen und vor allem Schänker aus Frankfurt a. M. gehörten. Meistenteils aber ließ man kein gutes Haar am Benzinmotor, wie eine Äußerung des Hamburger Branddirektors Sander aus dem Jahr 1906 belegt: „Wenn ein Feuerwehr-Offizier etwas von einem Explosionsmotor hört, dann weiß er schon ganz genau, daß er ihn nicht gebrauchen kann und daß er absolut unbrauchbar ist."

Der Elektroantrieb bietet viele Vorzüge

Die überwiegende Zahl der Feuerwehren der größeren Städte entschied sich für den Elektromotor als Antriebsquelle, der – neben der größeren Zuverlässigkeit – eine Reihe von weiteren Vorzügen besaß, wie leichte Bedienbarkeit (die Elektrofahrzeuge besaßen keine Gangschaltung, die Geschwindigkeit wurde mittels eines Fahrhebels reguliert), Geräuscharmut und Abgasfreiheit. Außerdem dienten die Batterien als Kraftquelle für die elektrischen Fahrzeugscheinwerfer, so daß auf die sonst üblichen Karbidlampen verzichtet werden konnte. Ein großer Nachteil waren freilich die schwergewichtigen Batteriekästen, deren Ladung aber mittlerweile für etwa 50 Fahrkilometer ausreichte.
Neben dem batterieelektrischen Antriebssystem gab es noch den Benzin-Elektro-Antrieb, auch „Mixt-Antrieb" nach dem System Lohner-Porsche genannt, bei dem ein Benzinmotor an einen Generator gekuppelt war, dessen Strom die in den Radnaben (meist der Vorderräder) befindlichen Elektromotoren speiste. Dieser Verbundantrieb war sehr beliebt und zuverlässig, u. a. konnten auch Pumpen und bei den Drehleitern der Leiterantrieb damit betrieben werden.
Es ist aus heutiger Sicht durchaus nachvollziehbar, daß sich der mittlerweile zum Leiter der Berliner Feuerwehr beförderte Branddirektor Reichel bei der Antriebsart für die neuen motorisierten Berliner Feuerwehrfahrzeuge für den Elektroantrieb entschied. Dieser Entscheidung waren zwei jährige vergleichende Versuche vorausgegangen, die zu dem Ergebnis führten, daß 1907 Elektromobilzüge, bestehend aus Gasspritze, Tender, Drehleiter und Dampfspritze, beschafft wurden. Dieser erste elektrische Zug wurde im September 1908 auf der Feuerwache in der Schönlanker Straße in Betrieb genommen.
Reichels Entscheidung bewirkte, daß sich die Einführung des Benzinmotors im Feuerwehrfahrzeug verzögerte. Es bleibt ihm aber das unbestrittene Verdienst, als Vorkämpfer für die Einführung des Automobils im Feuerwehrbetrieb eingetreten zu sein. Reichels Fahrzeuge dienten vielen deutschen und ausländischen Feuerwehren als Vorbilder.

Rettungswagen der Berliner Feuerwehr auf Daimler-Fahrgestell, aufgenommen 1912. (05)

Spritzenwagen und Magirus-26-m-Leiter auf Büssing-Benzin-Motorwagen, geliefert 1908 für die Braunschweiger Feuerwehr. Während der Auszug der Leiter mittels Kohlensäuredruck erfolgte, geschah das Aufrichten per Hand. Angetrieben wurden die Fahrzeuge von Vierzylinder-32-PS-Motoren. Gesamtgewicht der Leiter 6280 kg. Braunschweig besaß den ersten 4-Fahrzeug-Löschzug in Deutschland – auf diesem Bild fehlen noch Tender und Gasspritze. (01)

Die Elektromobilzüge erwiesen sich nicht nur in Berlin als sehr zuverlässig und langlebig. Selbst beim Reichstagsbrand in Berlin im Jahr 1933 waren teilweise noch Elektrofahrzeuge im Einsatz. Die letzten Modelle wurden bei der Berliner Berufsfeuerwehr erst 1939 ausgemustert.

Rechte Seite oben: Fahrzeugbestand der Werkfeuerwehr Bayer-Leverkusen im Jahre 1912. Von links: Daimler-Offiziers-Wagen, Daimler-Marienfelde-3-t-Motorspritze I, NAG-Tender, Daimler-Marienfelde-Motorspritze II, Dampfspritze Busch, Bautzen, mit einer Förderleistung von 2675 l/min und 6475 kg Gewicht. Beachte die eisenbahnsignalähnlichen Fahrtrichtungsanzeiger auf den Motorhauben, die bis Anfang der 20er Jahre in Gebrauch blieben. (05)

Die Berufsfeuerwehr Frankfurt setzt auf den Verbrennungsantrieb

Unbeirrt aber hatte sich der Frankfurter Branddirektor Schänker mit der Verwendung von Benzinmotoren in Feuerwehrfahrzeugen befaßt. 1907 konnte die Berufsfeuerwehr Frankfurt a. M. ihre erste benzingetriebene Gasspritze auf einem Fahrgestell der Daimler-Motoren-Gesellschaft (DMG), Berlin-Marienfelde, in Dienst stellen. Der 1,5-t-Lkw besaß einen 300-l-Wassertank hinter der Fahrerbank. Zwei Kohlensäureflaschen dienten zum Ausstoß des Löschwassers. Die Besatzung bestand aus 9 Mann.

Die sehr positiven Erfahrungen mit diesem Gerät (das Motorfahrzeug befand sich manchmal bis zu fünf Minuten vor

Rechte Seite unten: Fahrzeughalle der Mannheimer Hauptwache 1912. Diese Wehr war vorwiegend mit Benz-Gaggenau-Fahrzeugen ausgerüstet. Im Vordergrund der als Vortruppwagen dienende Mannschafts- und Gerätewagen für sechs Mann Besatzung. Motorleistung 30/35 PS, Höchstgeschwindigkeit 60 km/h. Daneben die 48/58 PS starke Motorspritze mit 400-l-Wassertank und vom Fahrmotor angetriebener Hochdruck-Zentrifugalpumpe mit 1500 l Leistung. (06)

Zwei Benz-Gaggenau-Drehleitern mit Magirus-Aufbauten von 25 m Steighöhe der BF Cassel. Das links gezeigte, 1913 gelieferte Fahrzeug war auf einem 3,5-t-Chassis mit 40/50 PS Motorleistung aufgebaut, während der 1914 in Dienst gestellte, seitlich abgebildete Leiterwagen bereits über 60/65 PS Leistung verfügte. (05)

Benz-Gaggenau-Motorspritze BL 10, Baujahr 1912, bei einer Übung. Das Fahrzeug trägt ein badisches Kennzeichen. (05)

Chassis einer Daimler-1,5-t-Motorspritze mit 42-PS-E-4-Motor der BF Frankfurt a. M. Die 1000-l-Schiele-Pumpe ist mittig eingebaut. Auf dieser am 10. 7. 1909 entstandenen Abbildung gibt der Frankfurter Branddirektor Schänker (links im Bild) Anweisungen für den Weiterbau. (05)

Am 26. 8. 1916 geriet die große Viehhalle im Städtischen Schlachthof in Köln-Ehrenfeld, Liebigstraße, in Brand. Diese Halle war mit mehreren tausend Ballen Heu und Stroh eines Reiterregiments gefüllt, das am nächsten Tag an die Front gehen sollte. Obwohl von der Kölner Feuerwehr 13 Strahlrohre zur Brandbekämpfung eingesetzt wurden, konnte das Feuer erst nach mehreren Stunden gelöscht werden. 13 Pferde verbrannten oder starben durch Rauchvergiftung, viele andere wurden verwundet. Dieses Bild zeigt einige Wehrmänner nach Beendigung der Löscharbeiten. (02)

dem nachfahrenden pferdebespannten Löschzug an der Brandstelle) veranlaßten Schänker 1909, ein zweites Löschfahrzeug mit Benzinmotor zu beschaffen, bei dem die Schiele-Pumpe vom Fahrmotor angetrieben wurde. Sie erbrachte im Dauerbetrieb 1800 l/min, ohne daß sich der Motor überhitzte.

Als erste Berufsfeuerwehr in Deutschland war die in Frankfurt a. M. bereits 1914 voll motorisiert.

Im gleichen Jahr baute die Firma Carl Metz, Karlsruhe, eine Motorspritze mit Wassertank, welche anläßlich des 17. deutschen Feuerwehrtages am 24. Juli 1909 in Nürnberg präsentiert wurde. Das Fahrzeug, nach unseren heutigen Begriffen ein Tanklöschfahrzeug (TLF), besaß bereits alle technischen Merkmale der späteren TLF, nämlich einen in der Fahrzeugmitte gelagerten Wassertank und eine über Nebenabtrieb und Gelenkwelle vom Fahrzeugmotor angetriebene Feuerlöschkreiselpumpe. Das Fahrzeug wurde von der Feuerwehr Karlsruhe übernommen und stand dort bis zum Beginn des Zweiten Weltkrieges im Einsatzdienst.

Motorisierung auch bei den Drehleitern

Auch bei den Feuerwehrleitern blieb die Entwicklung nicht stehen. Um die Jahrhundertwende waren überwiegend – von wenigen pferdegezogenen Drehleitern abgesehen – einachsige Schiebleitern im Einsatz, die aber allmählich von den besser und schneller zu handhabenden Drehleiterkonstruktionen abgelöst wurden. Bei den Drehleitern war die Motorisierung besonders bedeutsam, ging es doch hier nicht nur um die Fortbewegung des Fahrzeugs, sondern auch um den Kraftantrieb für die Leiterbewegungen. Antriebe mittels Kohlensäuredruck bzw. durch Elektromotoren befriedigten auf die Dauer nicht. Letztendlich mußte auch – neben dem Fahrmotor – ein zusätzliches Antriebsaggregat mitgeführt werden, das zumindest Gewicht kostete. Nachdem Magirus bereits 1914 ein Leiterfahrzeug gebaut hatte, bei dem Aufrichten und Ausziehen über einen Nebenabtrieb vom Fahrmotor erfolgte, wurde 1916 die erste Drehleiter der Welt von der Feuerwehr Chemnitz in Dienst gestellt, bei der sämtliche Leiterbewegungen durch den Fahrmotor betrieben werden konnten.

Der Verbrennungsmotor setzt sich durch

Im Jahr 1909 belief sich der Gesamtbestand der Motorfahrzeuge bei den deutschen Feuerwehren auf 71 Fahrzeuge, darunter 20 Fahrzeuge mit Dampfantrieb, 41 mit Elektro- und nur drei mit Benzinantrieb (dazu kamen weitere sieben Hilfsfahrzeuge mit Benzinantrieb). In den folgenden zwei Jahren wurden die Weichen für den Verbrennungsmotor gestellt.

Der Benzinmotor hatte in den vergangenen Jahren im zivilen Bereich seine Kinderkrankheiten weitgehend abgelegt und erfreute sich steigender Zuverlässigkeit. 1909 gab es in Deutschland bereits 2004 Lastkraftwagen – bei stark steigender Tendenz. Diese Erfahrungen verhalfen dem Verbrennungsmotor auch im Feuerwehrbereich zum Durchbruch, so daß eine Zählung 1913 bereits folgendes Bild ergab:

- 16 Dampfautomobile,
- 135 batterieelektrische Fahrzeuge,
- 19 benzinelektrische Fahrzeuge,
- 143 Benzinautomobile.

Der 1914 ausgebrochene Erste Weltkrieg unterbrach die angelaufenen Motorisierungsbestrebungen der Feuerwehren nur kurzzeitig. Vor allem konnten die jetzt ausschließlich hergestellten Benzinfahrzeuge unter erschwerten Bedingungen ihre Zuverlässigkeit unter Beweis stellen und die Betriebstauglichkeit wurde weiter verbessert, so daß auch in Feuerwehr-Fachkreisen keine Zweifel an den Vorzügen des Verbrennungsmotors mehr aufkamen.

2. Das moderne Feuerwehrfahrzeug entsteht

Beschleunigte Fortsetzung der Feuerwehrmotorisierung

Während des Ersten Weltkrieges waren Kraftfahrzeuge und Motoren durch Massenfertigung in großen Serien (bereits ab 1908 waren staatlich geförderte und von Benzinmotoren angetriebene sog. Subventionslastwagen entstanden, die nach der Mobilmachung eingezogen und als Militärlastwagen verwendet wurden) technisch wesentlich verbessert worden und hatten einen hohen Grad an Zuverlässigkeit erreicht.
Diese Vorteile wirkten sich günstig auf die Einführung des Kraftwagens bei den Feuerwehren aus. Entsprechend schnell setzte sich zu Beginn der 20er Jahre allen bestehenden Schwierigkeiten zum Trotz – wie teilweise örtlicher Bürgerkriegszustände, Streiks, zunehmender Inflation und der infolge des Versailler Diktatfriedens von den Siegermächten geforderten hohen Reparationen, die die Wirtschaft schwer belasteten – die Motorisierung fort. Abgesehen davon, daß die Beschaffung von für den Feuerwehrdienst geeigneten, leistungsfähigen Pferden – allein schon durch die hohen Kriegsverluste – Schwierigkeiten bereitete, waren die Kosten für die Pferdehaltung zu hoch, so daß bei den leeren Kassen der Kommunen nur noch der Schritt nach vorn, in die Motorisierung, trotz der damit verbundenen hohen Investitionen, übrig blieb.
Die Knappheit an Treibstoffen zum Ende des Krieges und auch noch einige Zeit danach – in den ersten Monaten nach Kriegsschluß waren keine Treibstoffeinfuhren nach Deutschland gestattet, so daß nur noch 5% der Treibstoffmenge von 1914 zur Verfügung stand – führte zwar dazu, daß die Berufswehren Pferdegespanne verschiedentlich wieder in Dienst nehmen mußten. Aber dies war nur eine kurzlebige Übergangserscheinung, denn überall war man bestrebt, die Pferde möglichst schnell zu ersetzen. In Hamburg z. B. wurden die letzten pferdebespannten Feuerwehrfahrzeuge 1925 außer Dienst gestellt. Im Gegensatz dazu ging die Umstellung bei kleineren und besonders bei Wehren auf dem Lande nicht so rasch vonstatten. Sie war aber bis zum Beginn des Zweiten Weltkrieges auch dort weitgehend abgeschlossen.
Dampf- und Elektroantrieb standen nun nicht mehr zur Debatte. Es wurden nur noch von Verbrennungsmotoren angetriebene Feuerwehrfahrzeuge beschafft. Insbesondere

Montagehalle der Daimler-Motoren-Gesellschaft, Berlin, im Jahre 1922. Das im Vordergrund abgebildete Baulos Automobilspritzen ist mit 400-l-Wassertanks und Heckpumpen ausgerüstet. (05)

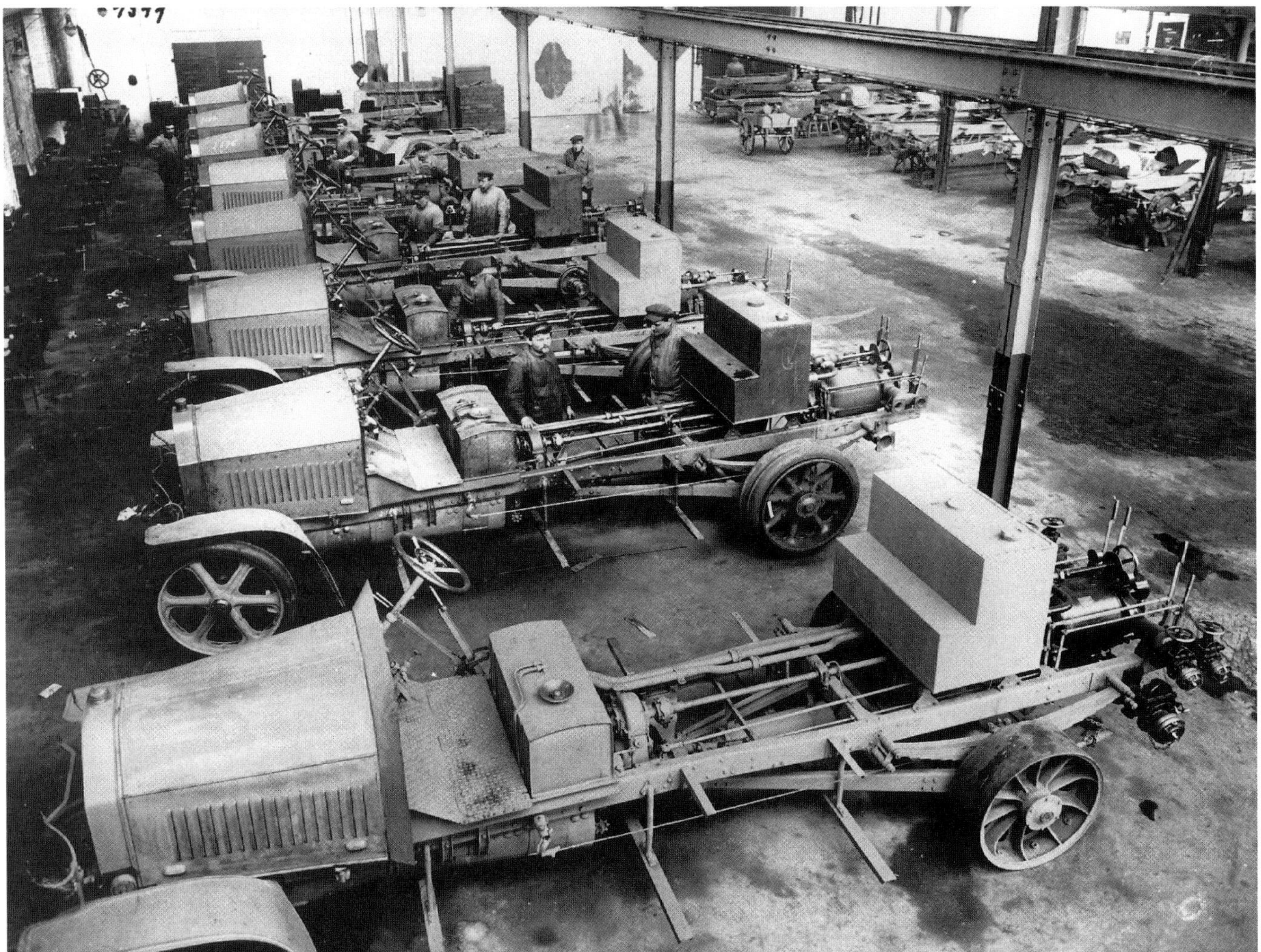

Kieslich-Automobildrehleiter mit 25 m Auszugslänge auf Omnibusfahrgestell DC 3 d F von Daimler, Marienfelde. Der etwa 1922 an die Feuerwehr Osnabrück gelieferte Wagen besaß ein tragbares Pumpaggregat, das hinter der Fahrersitzrückwand gelagert war. Der Vierzylinder-Reihenmotor mit 7234 cm^3 Hubraum leistete 42 PS. Der Wagen besaß bereits Kardanantrieb und war bis zu 27 km/h schnell. (05)

die vorhandenen Elektrofahrzeuge blieben aber teilweise noch bis weit in die 30er Jahre im Einsatzdienst. Bei der Berufsfeuerwehr Hamburg schied 1935 das letzte Elektrofahrzeug aus den Beschaffungsjahren 1908/1910 aus dem Alarmdienst, und Ende 1938, also kurz vor Kriegsbeginn, wurden die letzten beiden benzinelektrischen Fahrzeuge von 1912/14 ausgesondert.

Wie umfassend die Motorisierung nun bei den Berufsfeuerwehren betrieben wurde, geht aus einem Bericht über die Automobilisierung der Stuttgarter Feuerwehr hervor. Demnach wurde die vom Gemeinderat im April 1919 beschlossene Automobilisierung im Juli 1920 beendet. Die Feuerwehr war nun wie folgt ausgerüstet:

– Feuerwache I mit 2 Benz-Gaggenau-Autospritzen, 1 Benz-Gaggenau-Feuerlösch-Rettungsauto mit Tier-Rettungswagen, 1 Magirus-Auto-Drehleiter, 1 Sanitätsauto, 2 Gefangenenautos.

– Feuerwache II mit 1 Benz-Gaggenau-Autospritze, 1 Magirus-Lastauto mit Leiterobergestell und eingebauter Zentrifugalpumpe, 1 Magirus-Auto-Drehleiter, 1 Stabsauto, 1 offenes Personenauto für Polizei und Feuerwehr, 1 Sanitätsauto.

– Feuerwache III mit 1 Benz-Gaggenau-Autospritze, 1 Magirus-Auto-Drehleiter, 1 Benz-Gaggenau-Feuerlösch- und Rettungsauto, 1 Sanitätsauto.

Die Automobilspritze – das wichtigste Standardfahrzeug der zwanziger Jahre

Die erwähnten Benz-Gaggenau-Autospritzen besaßen 65 PS starke Benzinmotoren mit Bosch-Magnetzündung, erreichten 40 km/h Höchstgeschwindigkeit und konnten Steigungen bis zu 18 % überwinden.

Die dreistufige, aus Bronze gefertigte und mit einem Heiz- und Kühlmantel umgebene Spezial-Kreiselpumpe der Firma Ehrhard & Sehmer AG, Saarbrücken, war am Rahmenende eingebaut und konnte mehr als 1800 Liter Wasser pro Minute auf eine manometrische Druckhöhe von 95 m bei 0 m Saughöhe fördern. Die größte Saughöhe betrug 8 m. Seitlich und hinten befanden sich Druckanschlüsse für die Schläuche. Zwischen dem unter der Führersitzbank befindlichen Benzintank und der Zentrifugalpumpe befand sich ein 450-l-Wasserbehälter. Der Inhalt des Kraftstofftanks war für eine Entfernung von 100 Kilometern Fahrtstrecke und sechsstündigen Pumpenbetrieb ausreichend.

Auf der vorderen Sitzbank fanden (einschließlich Fahrer) drei Personen Platz und auf den beidseitigen Längsbänken jeweils weitere fünf Personen. Die hinteren Sitzbänke waren als Gerätekästen ausgebildet, unter denen sich Werkzeugkästen befanden. Unter den zwischen den Kotflügeln angeordneten Trittbrettern befanden sich Kästen, die Saugschläuche, Zinkmulden, Schaufeln, Äxte, Haken und weitere Ausrüstungsgegenstände enthielten. Hinter den Längssitzen war auf beiden Seiten der Pumpe jeweils eine abnehmbare, 200 m Schlauch enthaltende Schlauchhaspel vorhanden.

Auf einem über dem Fahrzeug befindlichen Gerüst waren eine Schiebleiter und ein Satz Hakenleitern gelagert, welche über Rollen herausgezogen werden konnten. Rauchschutz- und Sauerstoffgeräte sowie zwei Standrohre und

Das erste motorgetriebene Feuerwehrfahrzeug der Feuerwehr St. Tönis bei Krefeld war dieser Austro-Daimler AD 617 von 1923, der – mit einigen Gerätschaften beladen – als Mannschaftstransportwagen eingesetzt wurde. Welche Umstände dieses österreichische Fabrikat nach St. Tönis verschlagen haben, ist leider nicht bekannt. (01)

Vorfahrwagen der Kölner Feuerwehr auf der Wache Melchiorstraße vom Typ Adler Doppelphaeton 20/50 PS. Dieses Modell erreichte bereits eine Spitzengeschwindigkeit von 105 km/h. Den 1913 oder 1914 gebauten offenen Pkw erwarb die Feuerwehr vermutlich 1921 für 30 000 RM (inflationsbedingt) gebraucht von der Zentrallagerverwaltung. (02)

„Motorspritze VI“ vom Typ Daimler DC 3 d F mit Kieslich-Aufbau und 1500-l-Pumpe auf der Düsseldorfer Feuerwache III, Münsterstraße. Die Motorleistung des 1922 in Dienst gestellten Fahrzeugs betrug 50 PS. (04)

Offizierswagen der Feuerwehr Regensburg vom Typ Audi C, 14/35 PS, aus dem Jahre 1921 mit angehängter Motorspritze. (01)

NAG-3-t-Lkw als Mannschaftstransportwagen mit Anhänger der Feuerwehr Neu-Isenburg. Die Motorleistung des Lkw betrug 32 PS. (07)

Benz-Gaggenau-Automobilspritze vom Typ 3 CN mit Metz-Aufbau, die 1922 von der FF Hof/Saale in Dienst gestellt wurde. Der 50/55 PS starke Wagen stand bis ca. Ende der 50er Jahre im Einsatz. (08)

verschiedene Strahlrohre wurden ebenfalls mitgeführt, und am Heck war ein abprotzbarer Schlauchwagen mit 300 m Schlauch eingehängt.

Stolz präsentiert sich die Mannschaft eines Löschzuges der Berufsfeuerwehr Köln dem Fotografen auf ihren Fahrzeugen. Während die Metz-Drehleiter mit 25 m Steighöhe links im Bild auf ein Benz-Gaggenau-3,5-t-3-CND-Fahrgestell mit 50/55 PS und 8140 cm^3 Hubraum aufgebaut war, besaß die Automobilspritze das 3-CN-Chassis des gleichen Herstellers. Beide Fahrzeuge waren etwa 35 km/h schnell. Mit sichtlichem Stolz trägt der Löschzugführer sein im Ersten Weltkrieg erworbenes Eisernes Kreuz – damals noch eine Ehre! (02)

So oder ähnlich sahen die damals noch völlig offen ausgeführten, überwiegend mit Holzaufbauten erstellten Automobilspritzen – die Vorläufer der späteren Löschgruppenfahrzeuge – aus.
Die Pumpleistungen der nun anstelle der Kolbenpumpen vom Fahrzeugmotor angetriebenen, stärkeren Kreiselpumpen erreichten – je nach Hersteller und Verwendungszweck – zwischen 800 und 2000 l pro Minute.
Einen Eindruck von der Leistungsfähigkeit der damaligen Geräte gibt nachstehender Bericht.

Brand des „Neuen Baus" in Ulm

In den frühen Morgenstunden des 19. Februar 1924 brach in dem großen, aus dem 16. und 17. Jahrhundert stammenden Gebäudekomplex des „Neuen Baus" in Ulm ein Großfeuer aus. Dieser im südlichen Teil des Ostbaus ausgebrochene Brand wurde leider viel zu spät entdeckt und mußte schon gegen 5 Uhr morgens die Gestalt eines Großfeuers angenommen haben.
Eigenartigerweise wurden erst kurz vor 6 Uhr Passanten auf den Brand aufmerksam. Daher erreichte erst um 5.50 Uhr die Alarmmeldung die Freiwillige Feuerwehr, die aber bereits um 5.55 mit vollständigen Fahrzeugbesatzungen ausrücken konnte. Schon kurze Zeit später traf der erste Löschzug mit läutenden Alarmglocken und rotleuchtenden Richtungsanzeigern über den Motorhauben an der Brandstelle ein. Diese Einheiten gingen an der Südseite des Ostbaus in Stellung und griffen das Großfeuer unverzüglich an, nachdem die erforderlichen Schlauchleitungen zu den Hydranten ausgelegt waren.
Kurz nacheinander kamen auch die Fahrzeuge der Fabrikfeuerwehr der Firma C. D. Magirus sowie die Neu-Ulmer und die Söflinger Feuerwehr auf dem Brandplatz an. Wenig später wurde durch das Großfeuerzeichen vom Ulmer Münster aus auch Alarm für den Reservelöschzug gegeben.
Als die ersten Löschkräfte eintrafen, hatte das Feuer bereits mit aller Gewalt Besitz vom gesamten Ostbau ergriffen. Explosionsartig rissen die Flammen Löcher in die Dächer und bei den weiträumigen, von Gebälk und Holz starrenden Dachböden war der Ausbreitung des Brandes keine Grenze gesetzt. Die Gewalt des Feuers wurde daher immer stärker.
Die Feuerwehr versuchte trotzdem ihr Bestes, um den Brand wenigstens auf den Ostbau beschränken zu kön-

Hofansicht des Neuen Baus in Ulm mit Autospritze der Magirus-Fabrikfeuerwehr nach Ablöschen des Brandes. (09)

Blick auf die Brandruine vom Ulmer Münsterturm aus. Auf dieser Aufnahme werden die gewaltigen Abmessungen des Brandobjekts sichtbar. (09)

nen. Von der Köpfingergasse und vom Bernheimerschen Hof her wurde mit fünf Schlauchleitungen gegen den Ostbau vorgegangen, am Rabbinat ging eine Magirus-Drehleiter in Stellung und gab mit einem Strahlrohr Wasser auf das schnell um sich fressende Feuer. Vom Südbau richteten sich vier weitere und vom Nordeingang nochmals zwei Rohre gegen den brennenden Ostflügel. Ein Innenangriff mit drei Strahlrohren über das südliche Treppenhaus wurde versucht, aber eine einstürzende Trennwand begrub mehrere Personen (Feuerwehrmänner und Bergungskräfte) unter sich. Nur durch schnelle Hilfe konnten alle Personen ohne ernsthafte Verletzungen geborgen werden. Aufgrund dieser Gefahren mußten die für den Innenangriff eingesetzten Kräfte zurückgenommen werden.

Trotz aller Bemühungen war das Feuer schon zu weit fortgeschritten und daher den Wehrmännern kein Erfolg vergönnt, denn Brandobjekt und Feuer waren im Verhältnis zu den zur Verfügung stehenden Löschmitteln zu groß. Der in Flammen stehende Gebäudeteil war ca. 40 m lang und 16 m breit und bedeckte somit eine Fläche von 640 m^2*. Dieser Flügel war sieben Stockwerke hoch, davon waren vier Dachgeschosse mit entsprechend umfangreicher Holzkonstruktion.*

Der Brand konnte leider auch nicht auf den betroffenen Flügel beschränkt werden. Schon bald sprang das Feuer auch auf den Südflügel über. Die durch Türen unterbrochene und nicht bis in die oberste Gebäudespitze fortgeführte Brandmauer verhinderte das Übergreifen des Brandes nur für kurze Zeit. Gegen 6.45 Uhr war auch hier das Dach ein einziges Flammenmeer. Als aus den Fenstern des oberen Stockwerks der Feuerschein sichtbar wurde, war dies ein Zeichen dafür, daß die Decke durchschlagen war. Balken und Sparren stürzten, in Flammen gehüllt, Stück für Stück in sich zusammen und fachten das Feuer im Gebäude selbst immer weiter an.

Trotz der weiterhin mit vollem Einsatz kämpfenden Feuerwehrkräfte war auch das Schicksal des ca. 430 m^2 *großen Südflügels schon kurz nach 7 Uhr besiegelt. Die daran angrenzenden weiteren Gebäudeteile waren zwar wiederum durch Brandmauern geschützt, aber auch diese waren nicht bis zum First hochgezogen und ebenfalls mit Holztüröffnungen durchbrochen.*

Im Südbau selbst mußten sich alle Personen, die versuchten, noch so viel Mobiliar und Akten wie möglich zu bergen, schleunigst in Sicherheit bringen, als sich das Feuer mit großer Schnelligkeit von Stockwerk zu Stockwerk nach unten fraß.

Kaum eine Viertelstunde später wurde auch der 1070 m^2 *große Westbau vom Feuer erfaßt. Die Feuergase brachten an verschiedenen Stellen das Plattendach zum Bersten, so daß sich der Brand durch kleine, neu sich bildende Flammenherde an Sparren und Dachplatten weiterfressen konnte. Die auf das Dach geschleuderten Wassermengen reichten nicht aus, um es abzulöschen, denn war gerade ein Flammenherd gelöscht, brach das Feuer an mehreren neuen Stellen wieder hervor.*

Insgesamt waren jetzt sechs große und 14 mittlere Strahlrohre in Tätigkeit, die von verschiedenen Standorten Wasser in die Brände schleuderten. Aber dieser Kampf war aussichtslos.

Gegen 9.30 Uhr stürzte der Brandgiebel des Ostbaus und etwas später auch der des Westbaus zusammen. Die Trümmer der Giebel füllten, zusammen mit den verbrannten Resten des Daches, den Innenhof.

Um die Mittagszeit war der Großbrand im wesentlichen gelöscht. Während der ersten sechs Einsatzstunden hatte die Feuerwehr rund fünf Millionen Liter Wasser ab-

gegeben! Ein Teil der Löschkräfte konnte im Laufe des Nachmittags abgezogen werden; die Nachlöscharbeiten zogen sich aber noch sehr lange hin, denn das Feuer flackerte immer wieder auf.
Besonders groß war anfangs die Gefahr gewesen, daß die Flammen auf in der Nähe stehende Gebäude übergreifen könnten.
Die durch Funkenregen und Hitze in Gefahr geratenen Wohnungen und Geschäfte der näheren Umgebung wurden daher geräumt. Fenster und Dachluken wurden geschlossen und Wasser auf die Dachböden der bedrohten Häuser geschafft, um das Übergreifen des Feuers zumindest zu erschweren. Durch ständiges Kühlen der Fassaden mit Wasser konnten die Gefahren aber gebannt werden. Obwohl der Brand schon viele Stunden vor der Entdeckung gewütet haben muß, konnten die Feuerwehren doch noch einen erheblichen Teil des „neuen Baus" vor der totalen Vernichtung retten. Vor allem aber konnte das Übergreifen des Brandes auf die Nachbarhäuser verhindert werden. Wäre dies nicht gelungen, die Folgen wären nicht auszudenken gewesen.

Leistungen der im Einsatz gewesenen Geräte

Löschzug	Arbeitszeit/Std.	Leistung Std./Liter	Literzahl gesamt	Datum der Indienststellung
– Magirus-Autospritze 3 t, Ulm I. Zug	9	120.000	1.080.000	07.10.1920
– Magirus-Dampfspritze Ulm II. Zug	50	60.000	3.000.000	14.04.1910
– Magirus-Motorspritze Reserve-Löschzug Ulm	7	45.000	315.000	10.10.1900
– Magirus-Autospritze 1½ t Neu-Ulm	8	60.000	480.000	08.04.1922
– Magirus-Autospritze 1½ t Fabr. Fw. C. D. Magirus	145	60.000	8.700.000	01.05.1923
– Magirus-Autospritze 3 t (leihweise von Magirus)	18	120.000	2.160.000	–
zusammen 6 Kraftspritzen	237		15.735.000	

Das bedeutet, daß während einer Gesamtarbeitszeit von 237 Stunden von sechs Geräten fast 16 000 Tonnen Wasser gefördert wurden! Eine geradezu gewaltige Leistung! Die Magirus-1½-t-Autospritze der Fabrikfeuerwehr C. D. Magirus stand insgesamt 145 Stunden im Dauereinsatz und gab Wasser!
Folgende mechanische Magirus-Leitern wurden eingesetzt:
- *Autodrehleiter Ulm I. Zug, 22 m Steighöhe mit Kohlensäure-Auszug, geliefert 24. 12. 1912;*
- *Autodrehleiter der Fabrikfeuerwehr der Firma C. D. Magirus, 26 m Steighöhe, mit maschineller Betätigung (vom Werk leihweise zur Verfügung gestellt);*
- *Pferdezugdrehleiter, Ulm II. Zug, 18 m Steighöhe mit Handbetätigung, geliefert 10. 11. 1900;*
- *Pferdezugdrehleiter, Neu-Ulm, 20 m Auszuglänge mit Handbetätigung, geliefert 02. 02. 1903;*
- *Pferdezugdrehleiter Söflingen, 18 m Auszuglänge mit Handbetätigung, geliefert 11. 04. 1906;*
- *Handzugleiter, Neu-Ulm, 12 m Auszuglänge, geliefert 13. 09. 1912;*
- *verschiedene Schieb-, Steck-, Anstell- und Hakenleitern von sämtlichen beteiligten Wehren.*

Das Erscheinungsbild der Feuerwehrfahrzeuge ändert sich

Erstmals nach außen hin wurden die Fortschritte des Kraftfahrwesens auf der Berliner Automobil-Ausstellung von 1921 sichtbar, auf der auch zahlreiche Feuerwehrfahrzeuge zu sehen waren. Alle Berichte der damaligen Zeit sprachen nur noch von den Vorzügen des Motorbetriebs bei den Feuerwehren und der Sicherheit, die dieser inzwischen auch bei Alarmfahrten erreicht hatte.
Während in den ersten Nachkriegsjahren viele Neuerungen bei den feuerwehrtechnischen Einbauten und bei Kraftfahrdrehleitern (die damals entwickelten Sicherheitseinrichtungen werden im Prinzip noch heute verwendet) eingeführt wurden, wandelte sich das äußere Erscheinungsbild der Fahrzeuge nur wenig. Mit zunehmenden Fahrgeschwindigkeiten erwiesen sich jedoch die in meist hoher Schwerpunktlage eingebauten Längssitze als zu unfallträchtig und daher unzweckmäßig, so daß bereits Anfang der 20er Jahre die ersten Fahrzeuge mit Querbänken und seitlichen Einstiegtüren entwickelt wurden. Diese Bauart wurde zunächst bei Überlandspritzen, die für den Feuerschutz kleiner und mittlerer Städte und deren weiterer Umgebung zuständig waren und oftmals längere Fahrten zur Einsatzstelle zurücklegen mußten, verwirklicht. Wegen der auf dem Lande oftmals noch schlechten Weg- und Straßenverhältnisse auf leichteren Fahrgestellen aufgebaut, führten sie möglichst viel Schlauchmaterial mit und hatten meist eine einachsige Lafettenmotorspritze im Schlepp. Es waren auch die ersten Fahrzeuge, die mit Luftbereifung (anstelle der allgemein üblichen Hartgummi- oder Elastikbereifung) und mit Verdecken, die die Feuerwehrmänner gegen Witterungseinflüsse schützte, ausgerüstet wurden. Denn letztere gab es anfangs praktisch überhaupt nicht, und – heute kaum noch vorstellbar – es erhoben sich alsbald neue Diskussionen, diesmal über die Zweckmäßigkeit dieser Einrichtung. Einerseits war man der Meinung, daß die Mannschaft nach militärischem Vorbild gegen Wind und Wetter abgehärtet werden sollte, andererseits aber erkannte man allmählich auch den Vorteil, wenn die Wehrmänner unverbraucht und nicht von Wind, Regen und Kälte gebeutelt an der Brandstelle erschienen.
Ein 1926 eingebrachter Vorschlag, Feuerwehrfahrzeuge mit vollständig geschlossenem Kastenaufbau zu konstruieren, in dem nicht nur die Mannschaft Platz finden, sondern der auch Pumpe, Haspeln und Wasserbehälter umschließen sollte, fand noch wenig Widerhall. Erst der überaus harte Winter des Jahres 1928/29 – im Februar 1929 herrschten in Berlin über 14 Tage lang Temperaturen von –25 °C (in Ostpreußen sogar –40 °C) –, der bei zahlreichen Feuerwehrmännern zu Erfrierungen geführt hatte, beschleunigte das Umdenken der Branddirektoren.
Dies veranlaßte den Berliner Oberbranddirektor Gempp, für neu zu beschaffende 2,5-t-Kraftspritzen erstmals geschlossene, „limousinenartige" Aufbauten entwickeln zu lassen. Diese boten Platz für 9 Mann, und das erste von der Feuerwehrgerätefabrik Koebe, Luckenwalde, gelieferte Fahrzeug wurde im Juli 1930 in Dienst gestellt.
Ende der 20er Jahre war die Zeit auch reif für weitere grundlegende technische Verbesserungen, die sich auf das Fahrzeug selbst bezogen. Da war zunächst der Übergang von der Vollgummi- zur Luftbereifung. Von dieser Entwicklung ausgenommen waren anfangs die Drehleitern, um de-

Automobilspritze der Werkfeuerwehr BASF, Ludwigshafen, auf DC-3-Fahrgestell von Daimler, Marienfelde, aus dem Jahre 1923. Die schwer beladene Motorspritze hat offensichtlich zusätzliche Ausrüstungsgegenstände erhalten, u. a. die heckseitig verlastete fahrbare Motorpumpe. Datum der Aufnahme: 31. 5. 1926. (10)

Benz-Gaggenau-1-CN-Automobilspritze mit 30/35 PS und Metz-Aufbau, geliefert 1922 für den Amtsbezirk Schöningen. Ungewöhnlich ist der am Heck angebrachte Arbeitsstellenscheinwerfer. (08)

Daimler-DC-2-c-F-Überland-Motorspritze mit Ewald-Aufbau und Schiele-Pumpe (1000 l/min) aus dem Jahre 1924. Der 45 PS starke, mit einem Faltverdeck ausgerüstete Feuerwehrwagen besaß bereits Luftbereifung und war mit 35 km/h um fünf Stundenkilometer schneller als mit Elastikreifen. (05)

Feuerwache 3 der BF Chemnitz, die von 1921–1958 benutzt wurde. Die Fahrzeuge von links: Saurer-Motorspritze (1500 l/min) mit Flader-Aufbau von 1914; Saurer-Autodrehleiter 25 m in Holzbauweise, Hersteller Firma Kaiser, München, Leiterantrieb elektrodynamisch über Fahrzeugmotor; Benzin-automobile Dampfspritze, Baujahr 1910. (03)

ren Standsicherheit man bei der Luftbereifung besorgt war. Erst in Verbindung mit der Einführung von Stützspindeln konnten diese Bedenken ausgeräumt werden. Ungefähr zur gleichen Zeit erfolgte bei der Drehleiterfertigung auch der Übergang von Holz zum Werkstoff Stahl. Dies war auch dringend erforderlich, denn die ursprünglich in der Auszugslänge auf ca. 25 m begrenzten Leitern hatten mit der Zeit immer größere Höhen – teilweise schon weit über 30 m – erreicht, wodurch der ursprünglich verwendete Werkstoff Holz, der mit Stahlarmierung zu einem Leitersatz verarbeitet wurde, an seiner konstruktiven Grenze angelangt war. Metz und Magirus überboten sich bei den Leiterlängen gegenseitig und hatten abwechselnd die Nase vorn. Die kurzzeitig anfangs der 20er Jahre aufgekommenen Abprotzleitern verschwanden wieder.

Weitere Fortschritte waren elektrische Beleuchtung, Mittenschaltung, Linkssteuerung, Umstellung von Ketten- auf Kardanantrieb und der Ersatz der mechanischen Bremsen durch Öl- oder Luftdruckbremsen, die im Verein mit den Neuerungen im Lastwagenbau auch bei den Feuerwehrfahrzeugen Eingang fanden, die Arbeit des Fahrers erleichterten und die Sicherheit erhöhten.

Beschaffung von Spezialfahrzeugen

Neben den Automobilspritzen und Drehleitern entstanden in immer stärkerem Maße Sonderfahrzeuge, die auf spezielle Verwendungszwecke zugeschnitten waren. Das hatte großenteils seine Ursache darin, daß die Feuerwehren ne-

Automobiler Löschzug der Berufsfeuerwehr Hamburg auf einer verkehrsreichen Straße der Hansestadt Ende der 20er Jahre. (11)

Benz-Gaggenau-Automobilspritze der BF Mannheim beim Großbrand der Ölmühle 1928. (06)

Der erste Motorlöschzug der Feuerwehr Wernigerode mit Magirus-1-CS-Motorspritze mit 1000-l-Pumpe und angehängter Lafettenspritze vor dem Gerätehaus „Steingrube“ etwa 1927. (12)

Mercedes-Benz-N-5-Überlandspritze auf Niederrahmen-Omnibusfahrgestell der Feuerwehr Gevelsberg mit Faltverdeck und verlasteter Lafettenspritze im Jahre 1929. Motortechnische Daten: Sechszylinder-Vergasermotor, 7790 cm³, 100 PS, Höchstgeschwindigkeit ca. 40 km/h. (13)

Automobildrehleiter 26 m mit Magirus-K-20-Leiterantrieb auf Daimler-DC-4-d-F-Fahrgestell, geliefert 1926 an die Berliner Feuerwehr. Der Vierzylinder-Vergasermotor des Fahrzeugs erzeugte 55 PS bei 1200 U/min. Höchstgeschwindigkeit 21 km/h. Fürwahr ein imposantes Fahrzeug! (05)

ben der Brandbekämpfung immer häufiger mit technischen Hilfeleistungen und anderen Aufgaben betraut wurden.
Hilfen bei Verkehrsunfällen gehörten selbstverständlich auch dazu. Dieser Trend hat sich bis in die heutige Zeit verstärkt fortgesetzt; technische Einsätze und Hilfeleistungen aller Art überwiegen bei weitem die Brandeinsätze. Die Feuerwehr ist zu einem „Mädchen für alles" geworden.
Neben Schlauch- und Mannschaftstransportwagen spielten vor allem Tiertransport- und Rettungswagen eine große Rolle, wurde doch das Pferd noch sehr häufig als Zugtier im Straßenverkehr verwendet. Daneben benötigte man aber auch Gerätewagen, die für alle Arten der Hilfeleistung eingesetzt werden konnten. Die Berufsfeuerwehr Hannover stellte 1932 den „Pionierwagen 1" in Dienst, einen von Magirus aufgebauten Rüstkraft- bzw. Gerätewagen, der vor allem für den umfassenden Einsatz bei Verkehrsunfällen gedacht war. Neben der Ausstattung mit umfangreichem Hilfsgerät verschiedenster Art verfügte dieses Fahrzeug wohl als erster Feuerwehrwagen in Deutschland über ein vom Fahrzeugmotor angetriebenes Heckspill zum Herausziehen und Aufrichten verunglückter Fahrzeuge. Es wurde erst 1959 außer Dienst gestellt. Andere Feuerwehren beschafften ähnliche Modelle. Mitte der 30er Jahre kamen auch Rüstfahrzeuge mit eingebauten Krananlagen auf.

Normung und Vereinheitlichung – wichtiger denn je

Obwohl die Bemühungen um eine einheitliche Normung der Ausrüstung und Begrenzung der Typenvielfalt bereits

Dazu das Gegenstück – eine Motorspritze gleichen Baujahrs und Fahrgestells. (05)

75jähriges Jubiläum der Hofer Feuerwehr am 20. 3. 1931. Dieses Ereignis wurde mit einer Großveranstaltung in der Innenstadt gefeiert, bei der die Leistungsfähigkeit der Löschkräfte dem Publikum präsentiert wurde. Im Bild die Benz-Gaggenau-3-CN-Automobilspritze. (14)

Mercedes-Benz-Motorspritze L 45 (mit Sechszylinder-55-PS-Vergasermotor), die bereits Luftbereifung und einen weitgehend geschlossenen Aufbau besitzt. (14)

Ein Wehrmann der Hofer Feuerwehr am Standrohr. (14)

auf die Zeit vor dem Ersten Weltkrieg zurückgingen – schon 1909 gab es Verhandlungen zwischen Feuerwehren und der Geräteindustrie über eine Vereinheitlichung von Feuerwehrautomobilteilen –, hatten auch die nachfolgenden Bemühungen nicht zu Erfolgen geführt. Die daraufhin erfolgten Absprachen waren so variabel gestaltet, daß diese der individuellen Gestaltung und Ausrüstung der Fahrzeuge im einzelnen einen zu weiten Spielraum ließen. In der Praxis sah es so aus, daß jeder Hersteller, allein schon aus Konkurrenzgründen, bestrebt war, es allen recht zu machen, um nahezu jeden technisch machbaren Sonderwunsch des Bestellers zu erfüllen. Die Feuerwehrfahrzeuge der damaligen Zeit wurden in der Regel einzeln angefertigt und meistenteils auch unterschiedlich bestückt. Kleinserien gab es kaum. Neben der Ausrüstung waren auch Ausbildung und Vorschriften keineswegs vereinheitlicht und daher höchst unterschiedlich.

Die Hydranten waren von Gemeinde zu Gemeinde von unterschiedlicher Bauart, die Druckschläuche hatten verschiedene Durchmesser, und deren Kupplungen waren nicht nur im Durchmesser, sondern auch im Typ verschieden.

So ist es nicht verwunderlich, daß bei der spektakulären Brandkatastrophe in Öschelbronn bei Pforzheim am 10. September 1933 ein ganzes Dorf ein Raub der Flammen wurde. Diesem damals vielbeachteten Riesenbrand fielen

Oben links: Pferdegezogene Braunsche Balanceleiter (25 m Steighöhe) fährt auf den Übungsplatz. (14)

Oben rechts: Hier wird eine Magirus-Bockleiter im Mannschaftszug in Stellung gebracht. (149

Rechts: Die Magirus-Bockleiter gedreht und ausgefahren. (14)

insgesamt 203 Gebäude, darunter 83 Wohnhäuser, zum Opfer, wobei fast 400 Menschen obdachlos wurden. Die Ursache war eine glimmende Tabakspfeife eines jungen Mannes, der diese in die Tasche seiner Jacke gesteckt und an einer zum Heuboden führenden Leiter aufgehängt hatte. Sehr bald hatte die Jacke Feuer gefangen, das Heu war in Brand geraten, und im Nu stand das Gebäude in Flammen. Sturmartiger Wind sorgte für eine rasche Ausbreitung des Feuers durch Funkenflug. Der sträfliche Leichtsinn gesellte sich zu den Unterlassungssünden der Dorfgemeinde: Es war kein Löschteich vorhanden, so daß kaum Löschwasser zur Verfügung stand. Man mußte aus vier Kilometern Entfernung mit fünf aneinandergekoppelten Motorspritzen Wasser herbeipumpen! Der Hauptgrund für die Katastrophe aber war, daß badisches und württembergisches Schlauchmaterial der zur Hilfe eilenden Wehren nicht miteinander korrespondierte: Die Kupplungen paßten nicht!

Mehr als 1000 Feuerwehrmänner mit elf Motorspritzen und fünf Handdruckspritzen aus 15 benachbarten Ortschaften und vielen freiwilligen Helfern gelang es daher nicht, die Wut des tobenden Elements zu bändigen. Der Schaden betrug mehr als 1,5 Millionen Reichsmark. Dieses Ereignis war einer der ausschlaggebenden Gründe, nunmehr einheitliche Storz-Kupplungen schnellstmöglich vorzuschreiben.

Obwohl die Motorisierung der Berufsfeuerwehren um 1930 praktisch abgeschlossen war – die Berufsfeuerwehr Berlin besaß nach dem Stand vom März 1931 insgesamt 273 automobile Fahrzeuge –, waren längst nicht alle vorhandenen Fahrzeuge auf einem neueren technischen Stand. Ganz im Gegenteil – viele Fahrzeuge stammten noch aus der Zeit von vor 1918 und waren, auch wenn man versucht hatte, diese durch Modernisierung und durch Hinzufügung von Gerätschaften den neuen Einsatzbedingungen anzugleichen, fahrgestellmäßig und meist auch löschtechnisch veraltet.

Die Mehrzahl der Berufsfeuerwehren und die größten freiwilligen Feuerwehren waren damals noch mit dem her-

Vorführung einer Sprungtuch-Übung, rechts ein Rettungsschlauch. (14)

Oben: Fahrzeuge der Duisburger Feuerwehr vor der Hauptwache Friedenstraße im Jahre 1929. Von links: DAAG-C-3-Pkw mit 50 PS, Adler-Motorspritze (Subventionslastwagen), Benz-Gaggenau 3 CND mit Drehleiteraufbau, Adler-Motorspritze (wie vor), Pkw Protos 10/30, Opel-Automobilleiter und Opel-Motorspritze. (01)

Unten: Fahrzeuge der Feuerwehr Regensburg, aufgenommen ca. 1932/33. Von links: LS-3000-Kraftfahrspritze von Mercedes-Benz mit Sechszylinder-70-PS-Motor, Baujahr 1932, Mercedes-Benz-LS-2-Automobilspritze mit 2000-l-Pumpe, Baujahr 1928, Benz-Gaggenau 3 CND mit Magirus-25-m-Holzdrehleiter, Baujahr ca. 1925, Benz-Gaggenau-Automobilspritze 3 CSN, Baujahr ca. 1924. Die ersten beiden Fahrzeuge besitzen Luftbereifung. (05)

25-m-Metz-Drehleiter aus Holz auf Mercedes-Benz-LD-2-Fahrgestell, geliefert ca. 1931 an die Feuerwehr Gaggenau. Die Luftbereifung wurde später nachgerüstet. (01)

kömmlichen „Löschzug" ausgerüstet, der aus Automobildrehleiter und Automobilfeuerspritze bestand, beide in der Regel noch auf elastikbereiften, rechtsgesteuerten Fahrgestellen. Nur finanziell besser gestellte Städte hatten schon neuere Kraftfahrspritzen und Kraftfahrdrehleitern auf Niederrahmenfahrgestellen mit Linkssteuerung und Luftbereifung im Bestand.
So war es – nicht nur aus der politischen Sicht der ab dem 30. Januar 1933 in Deutschland herrschenden neuen Machthaber – dringend erforderlich, leistungsfähige, nach vorgegebenen Normen einheitlich gestaltete Fahrzeuge zu beschaffen, sollte die Einsatzbereitschaft der Feuerwehren weiterhin gewährleistet bleiben.

Der Dieselantrieb wird angeordnet

Mit den Autarkiebestrebungen der neuen Reichsregierung nicht konform – und ihr daher ein Dorn im Auge – war die Tatsache, daß 1933 noch sämtliche Feuerwehrfahrzeuge von Vergaser(Benzin)motoren angetrieben wurden, obwohl sich seit Ende der 20er Jahre der wirtschaftlichere Dieselmotor im Schwerlastwagenbau immer mehr durchgesetzt hattc. So forderte bereits 1934 das Reichsluftfahrtministerium, daß bei der Neubeschaffung von Feuerwehrfahrzeugen künftig nur noch der Dieselmotor zu wählen sei. Diese Forderung rief vor allem bei den großen Wehren einen Sturm der Entrüstung hervor. Als 1935 von der Berufsfeuerwehr Kassel erstmals in Deutschland ein Diesel-Löschzug auf Mercedes-Benz-Fahrgestellen beschafft wurde, fand er anfangs nicht sehr viel Befürworter und Nachahmer.

Metz-Kleinmotorspritze auf Lasten-Dreirad 500 kg, Fabrikat Goliath Standard K, Baujahr 1931. Angetrieben wurde dieses Fahrzeug von einem Einzylinder-Zweitakt-7,5-PS-ILO-Motor mit 350 cm³. Auf der Pritsche wurde u. a. eine Motorpumpe mitgeführt. (08)

Mercedes-Benz LD 2 (Sechszylinder-Vergasermotor, 100 PS) mit Metz-25-m-Drehleiteraufbau, geliefert 1929 an die Danziger Feuerwehr. Um das Fotoobjekt besser gegen den Hintergrund abzuheben, ist dieser, ebenso wie auf der unten gezeigten Aufnahme, mit weißen Platten abgedeckt. (08)

Schlechtes Anspringvermögen und träge Beschleunigung waren die sachlichen Hauptargumente, mit denen die Dieselgegner zu Felde zogen. Auch mit dem „unerträglichen Gestank" waren viele nicht einverstanden. Mit stärkeren Anlassern, größeren Batterien und Vorglüh-Relais konnte aber bald auch mit Dieselfahrzeugen eine Startzeit von nur noch 20–30 Sekunden gewährleistet werden. Überhaupt, die Auswahl unter den mit Benzinmotoren betriebenen schwereren Fahrgestellen wurde mit der Zeit immer geringer, da immer mehr Typen aus den Fertigungsprogrammen der Lastwagenindustrie verschwanden und fast nur noch Dieselmodelle angeboten wurden. Am 22. August 1935 wurde unter den noch immer schwelenden Streit von der Reichsregierung ein Schlußstrich gezogen, indem per Runderlaß der Dieselantrieb für Feuerwehrfahrzeuge ab 3 t Rahmentragfähigkeit vorgeschrieben wurde.

Metz-Patent-Automobildrehleiter mit 28 m Steighöhe auf Krupp-5-t-Fahrgestell L-5-N-62, 1931 von der Feuerwehr Stralsund in Dienst gestellt. (08)

Mercedes-Benz-Metz Autodrehleiter mit Stahlleiterpark und Feuerlösch-Pumpe

Die überragenden Vorzüge der MBM-Ganzstahl-Leiter

1. Stabile Bauart von Leiter und Fahrgestell.
2. Größtmögliche Betriebssicherheit.
3. Leichte Zugänglichkeit aller Teile, bequeme Montage und Demontage.
4. Alle wichtigen Getriebeteile sind geschützt gegen Beschädigung durch äußere Einflüsse.
5. Große Schnelligkeit und Wendigkeit des Fahrzeugs bei günstiger Schwerpunktslage. Hohe Standsicherheit.
6. Denkbar einfache Bedienung durch drei Hebel.
7. Vollautomatische Sicherungen, also keine Bedienung von Sicherheitsschaltungen.
8. Vollautomatische Sicherung gegen Kippen unter Einschluß sämtlicher Leiterbewegungen in Verbindung mit optischen und akustischen Signalinstrumenten.
9. Vollautomatische Sicherung gegen Beschädigung beim Anstoßen der Leiter, geltend für sämtliche Leiterbewegungen und für die ganze Länge der Leiter, also nicht nur der Spitze allein.
10. Vollautomatische Seiteneinstellung und Rückstellung der Leiter beim Ablegen auf schiefem Gelände.
11. Vollautomatische Abstellung der Leiterbewegung in den Endstellungen.
12. Vollautomatische Verriegelung der Bedienungshebel als Schutz gegen Bedienungsfehler, Sicherheit gegen Neigen der weitausgezogenen Leiter mit großer Geschwindigkeit.
13. Automatische Feststellung der Leiter in Fahrtrichtung.
14. Alle Sicherheits- und Verriegelungsvorrichtungen wirken primär, also keine indirekt arbeitenden Hilfsmittel.
15. Belastungsmesser für jede Neigung und Belastung der Leiter. Stabilität bzw. der Bodendruck wird fortlaufend sichtbar angezeigt.
16. Zwei doppelseitig eingespannte Aufrichteglieder (Ketten) mit gleichbleibendem Hebelarm (Stahlgelenkketten).
17. Ganzstahl- oder Leichtmetall-Leiterpark in Vollprofil-Anordnung, allseitig kontrollierbar.
18. Leiter als Brücke verwendbar.
19. Anordnung für Fahrstuhl, Rettungseinrichtung und Wendestrahlrohr.
20. Betätigung aller Getriebe mittels Handkurbel ohne vorherige Umstellungen.

Übung an der Mercedes-Benz-Metz Stahlleiter. – Man beachte die bequeme Besteigfähigkeit der Leiter

3. Vereinheitlichung des Fahrzeugparks und Einsätze im Krieg

Die Feuerwehren werden der Polizei unterstellt

Über die Feuerwehren im Dritten Reich ist schon manches geschrieben worden. Fest steht, daß alle öffentlichen Institutionen schon bald den Druck der neuen Machthaber zu spüren bekamen, denn Staat und Partei bildeten zukünftig eine Einheit. Die nationalsozialistische Verwaltung hatte diese Zielsetzung, die auch vor den Feuerwehren nicht haltmachte, in allen Bereichen in die Praxis umzusetzen.
Die deutschen Feuerwehren hatten sich bis 1933 ihre eigene, selbständige, in Verbänden gegliederte Organisation aufgebaut, die im Laufe der Zeit durch die zwangsweise Überführung in die Polizei ihr Ende fand. Schon das am 15. Dezember 1933 in Kraft getretene „Preußische Gesetz über das Feuerlöschwesen" bedeutete einen tiefen Eingriff in die Selbständigkeit der Feuerwehren, da diese ab sofort der Aufsicht der örtlich zuständigen Polizeiexekutive unterstellt wurden und mit der Zeit auch deren Organisationsformen zu übernehmen hatten. Aus den bisherigen Löschbezirken wurden Löschreviere, deren Grenzen möglichst denen der Polizeireviere zu entsprechen hatten. Alle außerpreußischen Länder wurden aufgefordert, sich dieser Entwicklung anzuschließen, was aber nur teilweise durchgeführt wurde.
Noch tiefergreifende Eingriffe brachte das Gesetz über das Feuerlöschwesen vom 23. November 1938, das den verbliebenen Rest der Selbständigkeit vollends ausschaltete, indem die Feuerwehren, die bislang zumindest noch formal in die Verantwortung von Ländern und Gemeinden gehörten, nun dem Reichsministerium des Inneren unterstellt und in die Ordnungspolizei eingegliedert wurden. Auch die Bezeichnungen änderten sich. Ab Ende 1933 wurde in Preußen der Begriff „Feuerlöschpolizei" und ab Ende 1938 die Bezeichnung „Feuerschutzpolizei" für die Berufsfeuerwehren im gesamten Reichsgebiet eingeführt. Heute werden die positiven und praktischen Seiten des sog. „Reichsfeuerlöschgesetzes" mit seinen sieben Durchführungsverordnungen und den vielen Ausführungserlassen meist übersehen. Zugegeben, die Hauptzielsetzung war, eine straff ausgebildete und einheitlich geführte und ausgerüstete Polizeitruppe zu schaffen, die vor allem im Luftschutz auch im Kriegsfall eingesetzt werden konnte. Andererseits wurde erstmals eine weitestgehende Vereinheitlichung des deutschen Feuerschutzes erreicht, die nach dem Krieg zu einem erheblichen Teil wieder verlorenging. Dazu gehörten z. B. auch die vereinheitlichte Ausbildung, die in den reichseinheitlich geschaffenen Ausbildungsvorschriften für die Feuerwehren ihren Niederschlag fand. Der Begriff der Löschgruppe beispielsweise wurde im Rahmen dieser Bemühungen erstmals geprägt und festgelegt. Die damals auf vielen Gebieten geleistete Pionierarbeit hat bis heute nur wenig an Aktualität verloren.
Rein äußerlich war die Zugehörigkeit der Feuerwehr zur Polizei an der Farbe der Uniform zu erkennen. Das traditionelle Blau verschwand und wurde durch das Polizeigrün ersetzt. Auch die Fahrzeuge wurden bereits ab Frühjahr 1937 in der tannengrünen Lackierung der Polizei neu ausgeliefert; vorhandene Fahrzeuge wurden später umgespritzt. Anstelle des Stadtwappens wurde das Führen des Polizeihoheitsabzeichens Pflicht.

Mercedes-Benz LoS 2750 (Vierzylindervergasermotor mit 65 PS) als Kraftfahrspritze KS 15, geliefert 1936 an die Freiwillige Feuerwehr Pfullingen. Der von Metz erstellte Feuerwehrwagen besaß 11 Sitzplätze, eine 1500-l-Vorbaupumpe, tragbare Kleinmotorspritze über dem Rahmenende, Schlauchwagen, zwei Schlauchhaspeln und ein Verdeck mit herablaßbaren Segeltuch-Gardinen mit Cellon-Scheiben. (05)

Fünf Metz-Drehleitern KL 26, aufgerichtet und ausgezogen auf dem Karlsruher Schloßplatz 1936. Diese für das RLM bestimmten Fahrzeuge waren auf MAN-D-1-Fahrgestellen (Sechszylinder, 80-PS-Dieselmotor) aufgebaut und sind vermutlich die einzigen auf diesem Fahrgestell gebauten Drehleitern dieser Epoche. (08)

Entwicklung einheitlicher Feuerwehrfahrzeuge

Zu den Vereinheitlichungsbestrebungen gehörten vor allem nach einheitlichen Normen gestaltete Feuerwehrfahrzeuge. Die zum Teil sinnlose Typenvielfalt sollte durch den Erlaß von verbindlichen Baurichtlinien für Feuerwehrfahrzeuge radikal eingeschränkt werden. Dies gelang – um es vorwegzunehmen – nur zum Teil, denn im Rahmen der Luftschutzvorbereitungen betrieben Reichsluftfahrtministerium (RLM) und Reichsministerium des Inneren (RMdI) – zeitweise in Konkurrenz zueinander – die Entwicklung leistungsfähiger Einsatzfahrzeuge. Diese Zweigleisigkeit zwischen Polizei und Luftwaffe, auch als Produkt der Antipathie zwischen den Parteigrößen Hermann Göring, Oberbefehlshaber der Luftwaffe und Reichsminister der Luftfahrt, und dem Reichsführer SS und Chef der Deutschen Polizei, Heinrich Himmler, bewirkte, daß die Einheitlichkeit in punkto Fahrzeuge, Ausbildungsvorschriften, Ausrüstung und Einsatzgrundsätze teilweise stark verwässert wurde, da diese manchmal erheblich voneinander abwichen. Eine totale Vereinheitlichung wäre aber um so notwendiger gewesen, als für die Belange des Luftschutzes bisher nie für möglich gehaltene Stückzahlen von Feuerwehrfahrzeugen benötigt wurden, die in einheitlichen Serien noch rationeller hätten hergestellt werden können. Die Rivalität wirkte sich bis hin zu den – unabhängig voneinander aufgestellten – Luftschutzabteilungen (mot) und den Feuerschutzpolizei-Regimentern aus, die nicht nur unterschiedlich ausgerüstet und geführt, sondern auch von verschiedenen Nachschuborganisationen versorgt wurden. Hingegen war die spätere Zusammenarbeit im Einsatz – ähnlich wie zwischen Wehrmacht und Waffen SS – offenbar durchweg gut.

Die Fahrzeugentwicklung begann damit, daß das RLM bereits ab 1934 Prototypen für einheitliche Kraftfahrspritzen (KS 15 und 25) bauen ließ. In größerem Umfang setzte aber die Beschaffung dieser Fahrzeuge sowie von Kraftfahrdreh-

Vorfahrwagen der Feuerwache Gleueler Straße der BF Köln auf Adler Standard 6 10/45 PS, Cabrio-Limousine (Sechszylindermotor, 45 PS, 90 km/h Höchstgeschwindigkeit) der Bauserie 1927–1930. Datum der Aufnahme ca. 1935. (02)

Mannesmann-Mulag-3-t-Lkw (Typ Mu 5 mit 70 PS), Baujahr 1927 als Lastkraftwagen der Berufsfeuerwehr Köln ca. 1935. (02)

leitern KL 26 erst ab 1936 ein. Hinzu kamen im gleichen Jahr die zunächst offenen, auf 1- bzw. 1,5-t-Fahrgestellen aufgebauten Kraftzugspritzen (KzS) 8, die – als Gruppenfahrzeug ausgelegt – einen Tragkraftspritzenanhänger (TSA) anstelle einer fest eingebauten Pumpe mitführten. Daneben wurden auch Löschfahrzeuge unterschiedlicher Typen und Verwendungszwecke für die Fliegerhorste der

Die Feuerwehren konnten sich genau so wenig wie alle anderen Organisationen und Institutionen in Deutschland dem Nationalsozialismus entziehen. Hier die neue Magirus-Drehleiter vom Typ M 30 L (24 m Auszugslänge) der Feuerwehr Landau, Pfalz, die für Wahlpropaganda (vermutlich 1934) herhalten mußte. Dieses Fahrzeug befand sich bis 1974 im Einsatzdienst und ist als Museumsfahrzeug auch heute noch dort vorhanden. (15)

Vereidigung von Feuerwehrmännern der Kölner Berufsfeuerwehr auf der Wache Melchiorstraße am 25. 8. 1934. (02)

Fahrzeugbestand der FF Wedel, Holstein, im Jahre 1939. Von rechts: Hansa-Lloyd-Mannschaftswagen von 1934, dessen Eigenaufbau durch den damaligen Wehrführer Karl Köhler, Schmied von Beruf, und den Stellmacher Maack mit einem Kostenaufwand von 1000 RM erfolgte. Motorspritzenanhänger, geliefert 1921 von Koebe, Luckenwalde, Zugfahrzeug war der Hansa-Lloyd. Mercedes-Benz L 1500 als KzS 8. Der Eigenaufbau erfolgte 1935 durch den Karosseriebauer Voss in Haseldorf. Das Fahrzeug blieb bis 1965 im Dienst. Ganz links eine Motorspritze auf Einachsanhänger. (16)

Kleinere Wehren stellten in den 30er Jahren häufig gebraucht erworbene schwere Personenkraftwagen als Behelfslöschfahrzeuge in Dienst. Hier ein 1928 gebauter Horch 8 16/80 PS Typ 350 (Achtzylinder-Vergasermotor, 3950 cm^3 Hubraum, 80 PS, 100 km/h Höchstgeschwindigkeit) während einer Übung auf dem Hof der Pappenfabrik Rieger in Trostberg 1937. (01)

Hier ein ähnliches Fahrzeug (Mercedes-Benz 14/60 PS Typ 350, Sechszylinder-60 PS-Vergasermotor, Baujahr 1929/30) als Mannschaftswagen der Feuerwehr Hüls bei Krefeld. Die Aufnahme entstand 1934. (01)

Die FF Wunstorf beschaffte am 4. 10. 1936 die hier abgebildete Kraftfahrspritze (KS) 15 auf Magirus-M-25-Fahrgestell. Vermutlich aus Kostengründen wurde das Fahrzeug noch in offener Ausführung geordert. (73)

neugegründeten Luftwaffe in ansehnlichen Stückzahlen beschafft.

Weitere Typenbegrenzungen durch den Schell-Plan

Die kommunalen Feuerwehren hingegen beschafften zunächst keine einheitlich gestalteten Fahrzeuge. Der ab Mitte der 30er Jahre gültige Normblatt-Entwurf DIN FEN 510 für Kraftfahrspritzen war nicht verbindlich vorgeschrieben, so daß es weiterhin Freiräume bei der Gestaltung und Aus-

Mannschaftswagen der Feuerwehr Moers-Hülsdonk auf Hansa-Lloyd-Express-2-t-Fahrgestell von 1924. Den Aufbau des 40 PS starken Wagens besorgte die Firma Meyer-Hagen in Hagen. In dieser Ausführung fuhr das mit einer Motorspritze auf Einachsanhänger gekoppelte Feuerwehrfahrzeug während des Krieges Einsätze bis nach Wuppertal (1943). (01)

Dieses Beispiel eines Mercedes-Benz 15/70/100-Pullman von 1924, der Anfang der 30er Jahre zu einem Feuerwehrfahrzeug umgerüstet und von der FF Wiesbaden-Igstadt in Dienst genommen wurde, belegt die vielseitige Verwendbarkeit und große Tragfähigkeit der alten, schweren Limousinen. Der Sechszylinder-Vergasermotor dieses Wagens leistete 100 PS bei 3920 cm^3 und erreichte mit Kompressorwirkung eine Höchstgeschwindigkeit von respektablen 140 km/h! Der Kraftstoffverbrauch lag aber auch bei 24 l auf 100 Kilometer. (17)

rüstung der Fahrzeuge gab. Überwiegend orientierte man sich zu dieser Zeit aber an den vom RLM entwickelten Fahrzeugen. Erst durch den 1939 in Kraft tretenden sog. „Schell-Plan" wurden die vorhandenen Lastwagentypen drastisch reduziert. Danach war der Bau von Lastkraftwagen nur noch in fünf Gewichtsklassen – 1, 1,5, 3, 4,5 und 6,5 t Rahmentragfähigkeit/Nutzlast – möglich. Das Ziel dieser Beschränkung war, die Lastwagenproduktion im Hinblick auf den bevorstehenden Krieg auf nur noch wenige Typen zu konzentrieren, die dadurch rationell und in großen Stückzahlen gefertigt werden konnten.

Pionierwagen auf Mercedes-Benz-0-4000-Niederrahmenfahrgestell der BF Chemnitz. Mit dem 120 PS starken Sechszylinder-Diesel erreichte dieser 10,5 t schwere Wagen ca. 75 km/h Höchstgeschwindigkeit. Alle mitgeführten Geräte konnten über einen Gleichstromgenerator mit 5,6 kW angetrieben werden. Der Klappkran am Heck hatte eine Hublast von 2,5 t und war, wie man sieht, ausreichend für die Beseitigung von Verkehrshindernissen. (03)

Eine weitere Aufnahme, die die Ausbildungstätigkeit an den Geräten (hier mit Motorkettensäge) auf dem Hof der Chemnitzer Feuerwache zeigt. Beide Aufnahmen sind aus dem Jahre 1938. (03)

Metz-Ausstellungsstand mit Kraftfahrdrehleiter (KL) 26 und Kraftfahrspritze (KS) 25 auf Mercedes-Benz-L-3750-Fahrgestellen. Die gezeigten Exponate wurden in großen Stückzahlen vom RLM in der zweiten Hälfte der 30er Jahre beschafft. (08)

Der ab Februar 1940 gültige Runderlaß „Typenbegrenzungen im Feuerlöschfahrzeugbau" reduzierte die für Feuerwehrfahrzeuge in Frage kommenden Fahrgestelle auf nur noch drei Gewichtsklassen: leichte Fahrzeuge (L) auf 1,5-t-, schwere Fahrzeuge (S) auf 3-t- und große Fahrzeuge (G) auf 4,5-t-Fahrgestellen. Nahezu gleichzeitig wurde vom Innenministerium das Produkt dieser Planungen in Form der ersten „Anordnungen über den Bau von Feuerwehrfahrzeugen" herausgegeben, in denen zwingend vorgeschriebene Richtlinien über Aufbauten und Ausrüstung festgelegt waren. Bis 1943 wurden diese Anordnungen u. a. für Löschgruppenfahrzeuge, Drehleitern und Schlauchwagen in den verschiedenen Gewichtsklassen erlassen.
Die von RLM und RMdI beschafften Feuerwehrfahrzeuge waren sich zwar in mancher Beziehung recht ähnlich, unterschieden sich aber in den Bezeichnungen, z. B. KS 25 – RLM, GLG (Großes Löschgruppenfahrzeug) – RMdI. Daher wurde ab dem 30. April 1943 eine einheitliche Begriffsbezeichnung eingeführt, die sich an den Ausrüstungsmerkmalen der Fahrzeuge orientierte und Rückschlüsse auf Pumpenleistung, Schlauchvorräte und Steighöhen (bei Drehleitern) zuließ.
Nachfolgende Tabelle gibt einen groben Überblick über die seit 1934 beschafften Fahrzeuge:

Bezeichnung ab 30.4.1943	Bezeichnung bis 30.4.1943 beschafft von:		Fahrgestell-tragfähigkeit (t) [1]	ungefähre Motorleist. (PS)	Besatzung	Pumpenleistung (L/min) Steighöhe (m) Schlauchvorrat (m)	Wassertank (l)
	FSch Polizei/ Kommun. FW RMd I	Luftwaffe Luftschutz RLM					
LF 25	GLG	KS 25	4,5	120	9	2500 l/min	1500 (GLG) 300 (KS)
LF 15	SLG	KS 15/ FIKS 15	3	80	9	1500 l/min	400 (SLG)
LF 8	LLG	KzS 8/ KS 8	1–3	60 [2]	9	800 l/min	–
DL 32	GDL	–	4,5	120	2	32 m	–
DL 26	–	KL 26	4,5	120	2	26 m	–
DL 22	SDL	–	3 u. 4,5	120	2	22 m	–
DL 17	LDL	–	1,5	60	2	17 m	–
S 4,5	GSK	Schlauch-kraftw. 4,5	4,5	120	2	1560 m B Schlauch	–
S 3	SSK	–	3	80	2	1200 m B-Schlauch	–
TLF 25	–	TS 2,5	4,5	120	6	2500 l/min	2500
TLF 15	–	–	3	80 [3]	3	1500 l/min	2500

[1] Die tatsächlichen Rahmentragfähigkeiten konnten in der Praxis höher sein. [2] 1940 mit „etwa 45 PS" angegeben. [3] Opel-Blitz: 68 PS.

1937 von der FF Ulm beschaffte Magirus-M-25-Kraftfahrspritze (KS) 15 mit 1500-l-Vorbaupumpe. (18)

Löschgruppe der FF Hof mit ihrem Mercedes-Benz-L-1500-LLG auf dem Vorplatz der Feuerwache. Der von Metz aufgebaute Wagen besitzt bereits Tarnscheinwerfer und Stoffüberzüge der Scheinwerfer (Nachtmarschgerät), was auf eine während der Kriegszeit entstandene Aufnahme hinweist. (14)

Obwohl neue Feuerwehrfahrzeuge in großen Stückzahlen zügig ausgeliefert wurden, war die Industrie nicht in der Lage, dem hohen Bedarf nachzukommen, so daß auch während des Krieges vielfach noch Fahrzeuge aus den 20er Jahren ihren Dienst versehen mußten. Die Werkfeuerwehr Henkel, Düsseldorf, war zu jener Zeit noch mit solchen Modellen ausgerüstet. Von links: Daimler-DC-3-dF-Automobilspritze, Benz-Gaggenau-Motorspritze vom Typ 2 CN und Benz-Gaggenau-3-CND-Drehleiter. (19)

Die in den 30er Jahren rasch aufstrebende Militär- und Zivilluftfahrt erforderte eine große Menge Speziallöschfahrzeuge. Hier eine Flieger-Tankspritze Ts 8 auf Ford V 8–51 mit 90 PS, ausgerüstet mit 800-l-Vorbaupumpe, 2300-l-Wasser- und 120-l-Schaumtank. Zwei Schaumrohre Typ P II, 300 m Schlauchmaterial und eine Schnellangriffseinrichtung am Heck waren vorhanden. Die Besatzung bestand aus acht Mann, wovon sechs Mann seitlich auf dem Aufbau stehend mitfuhren. Diese Beförderungsart wurde offensichtlich nur wegen der relativ kurzen, auf den Luftwaffenfliegerhorsten zurückzulegenden Entfernungen gewählt. (21)

In dieser Zusammenstellung sind projektierte, aber nicht zur Ausführung gelangte Typen wie der Leichte Gasschutzkranwagen(LGK) sowie der Schwere und Große Rüstkraftwagen (SRK und GRK) nicht enthalten. Bei letzteren sollte es sich um Weiterentwicklungen der ab 1936 von Metz und Magirus an verschiedene größere Wehren gelieferten Rüstkranfahrzeuge mit 4,5-t-Krananlage handeln.

Besonders erwähnt werden soll an dieser Stelle die vom RLM in Auftrag gegebene Tankkraftspritze, deren erste Exemplare ungefähr Mitte 1943 zur Verfügung standen. Durch den mitgeführten Wasservorrat von 2500 l waren diese später unter TLF 15 eingeordneten Fahrzeuge vor allem während des Bombenkrieges sehr nützlich. Leider gab es viel zuwenig davon!

Bewährung der Fahrzeuge im Einsatz

Zusammenfassend kann gesagt werden, daß die getypten Fahrzeuge den gestellten Einsatzanforderungen im allgemeinen gerecht wurden. Auch wenn ab der zweiten Kriegshälfte ein Teil der Konstruktionen durch den steigenden Mangel an Rohstoffen (die Feuerwehrgeräte zählten nicht zu den erstrangigen, kriegswichtigen Erzeugnissen, und de-

Tankspritze mit Einachsanhänger als Flugplatzfeuerwehrfahrzeug der Luftwaffe. Als Fahrgestell diente das 52 PS starke Ford-BB-2,5-t-Chassis des Schnell-Lastwagens, der von 1932–1939 gebaut wurde. (21)

Kampf dem „Roten Hahn" . . .

ist die Losung, unter der die Arbeit von Mannschaften und Geräten steht. Die Dresdner Jahresschau 1935 gab mit den eindrucksvollen Vorführungen der Berufsfeuerwehr Dresden unter Einsatz von 18 neuen Feuerwehrfahrzeugen, darunter allein 6 Mercedes-Benz-Metz-Kraftfahrdrehleitern, ein Bild von Wert und Vollendung dieser Fahrzeuge.

DIN FEN 500 • 510 • 520

30jährige Entwickelungsgeschichte im Bau von Kraftfahrspritzen hat ihren vorläufigen Abschluß mit den Deutschen Feuerwehrnormen DIN FEN gefunden. Ausgeglichenheit von Motor- und Pumpenleistung, Zweckmäßigkeit des Aufbaues in Unterbringung von Mannschaften und Geräten sind die Merkmale dieser Bauart.

Fahrgestell

Die Anforderungen an Fahrgestelle für Kraftfahrspritzen weichen grundsätzlich ab von denen, die an normale Fahrgestelle für den Kraftfahrverkehr gestellt werden müssen. Erhöhte Rahmentragfähigkeit, geringe Gesamtbreite zur Erzielung guter Durchfahrmöglichkeit in engen Straßen und Hausgängen, besonders zuverlässige Bremsen für hohe Fahrgeschwindigkeiten im Straßenverkehr, Wendigkeit und leichte Lenkbarkeit sind einige Merkmale.

Motor

Von dem Motor der Kraftfahrspritze, von seiner Zuverlässigkeit und seiner hohen Nutzleistung hängt wesentlich der Wert ab. Mercedes-Benz-Diesel und -Vergasermotore mit Leistungen, die allen üblichen Pumpengrößen angepaßt sind, erfüllen diese Forderungen auch bei ungünstigsten Betriebsverhältnissen.

Pumpe

Wissenschaft und Praxis sind in den Pumpen vereinigt, die durch ihre hohe Wasserleistung das Kampfmittel gegen den Roten Hahn: Wasser! fördern. Neuzeitliche Ergebnisse der Strömungstechnik verbunden mit korrosionsfesten Werkstoffen, genaue Bemessung der einzelnen Teile ergeben hier ein ausgesprochenes Leistungsgerät.

Feuerwehrtechnischer Aufbau

Formschön und zweckmässig bei bester Unterbringung von Mannschaften und Geräten.

Sonderausrüstung

mit Gasschutzgeräten, Luftschaumgeräten, Kleinmotorspritzen, Rettungsgeräten, Armaturen für die Löschgeräte, Scheinwerfer und Handlampen, Fangleinen und Abschleppwerkzeugen ist eine Voraussetzung dafür, daß das Fahrzeug seinen Wert in jedem Falle beweisen kann.

Dieselmotoren für Feuerwehrfahrzeuge

werden in den Vorschriften für Herstellung und Abnahme verlangt. Damit hat diese Motorart ihre berechtigte Anerkennung auch für diese Zwecke gefunden. Der Mercedes-Benz-Dieselmotor mit Leistungen zwischen 55 und 120 PS zeichnet sich dabei besonders durch sein gutes Anspringvermögen (innerhalb von 20 Sekunden nach 24stündigem Stillstand und einer Lufttemperatur von 4° C), sein gleichmäßiges Drehmoment und seine gute Regelbarkeit aus.

Vollständig geschlossener Aufbau

mit einem Führersitz für 2-3 Mann, Mannschaftsraum für 8 Mann splitterfrei verglast, mit doppelten Scheibenwischern, Pendelwinkern, Innenbeleuchtung, Frischluftheizung, Feuerwehrscheinwerfer auf ausziehbarem Rohrstativ. Geräteräume mit Innenbeleuchtung, Schiebebrettern auf Rollenlagern, vollständig umbaute Pumpe, Schlauchhaspeln durch Rolläden verschlossen, Leitergerüst.

Feuerlöschpumpen 1500 l/min und 2500 l/min Nennleistung

bei 80 m gesamtmanometrischer Förderhöhe und 1,5 m statischer Saughöhe, 60% der Nennwasserlieferung bei einer Steigerung der Förderhöhe um 50%, Ansaugzeit bei 7,5 m statischer Saughöhe nicht länger als 60 Sek., 60% Nennwasserlieferung bei 2 Saugleitungen und 7 m statischer Saughöhe. Einbau am Rahmenende, 2 und 4 Saugstutzen mit A-Kupplungen DIN FEN 309, 4, 6 und 8 B-Druckanschlüsse mit Schiebern DIN FEN 308, Meßinstrumente, Beleuchtung und Schalthahn für Tankbetrieb.

Zentrale Feuerwache der Werkfeuerwehr Daimler-Benz AG, Sindelfingen, im Jahre 1940. (05)

Fahrzeughalle der Werkfeuerwehr Daimler-Benz, Sindelfingen, im Juni 1940. Im Vordergrund eine 1940 in Dienst gestellte, von Metz aufgebaute Kraftfahrspritze (KS) 25 auf Mercedes-Benz LoS 3750. Daneben eine Kraftfahrspritze mit TS auf Mercedes-Benz LoS 3750 von 1933. Das dritte Fahrzeug ist eine 1917 gebaute und 1920 in Dienst genommene 45-PS-Daimler-Motorspritze. Die beiden Fahrzeuge ganz links dienen dem Krankentransport. (05)

ren Hersteller wurden daher mit immer geringeren Stahlkontingenten bedacht) immer mehr vereinfacht wurde und darüber hinaus Ersatzstoffe, z. B. Hartfaserplatten und Preßpappe, zur Einsparung von Mangelstoffen verwendet werden mußten. Obwohl diese Kategorie von Fahrzeugen nur für eine Lebensdauer von wenigen Jahren vorgesehen war, standen manche noch Jahrzehnte nach Kriegsende – ähnlich wie die Kriegslokomotiven der Baureihen 42 und besonders 52 – im Einsatz. Mit dem Anwachsen der Luftangriffe auf Städte, die schließlich ein kaum vorhersehbares Ausmaß annahmen, wurden Wendigkeit und Beweglichkeit

Angehörige der Kölner Feuerwehr auf einer Kolonnenfahrt mit neuen Luftschutz-Fahrzeugen im Jahre 1938 mit dem Fahrtziel Linz, Donau. Im Vordergrund ein Magirus M 45 als Kraftfahrtspritze (KS) 25. (02)

immer häufiger beanstandet, denn die Fahrzeuge besaßen in der Regel weder Allradantrieb noch genügend Bodenfreiheit, verursacht durch lange Radstände und tiefliegende Trittbrettkästen, um in den Trümmergebieten zufriedenstellend manövrieren zu können (mit Ausnahme des Mercedes Benz L 1500 S, der durch sein geringes Gewicht und kurzen Radstand noch am besten durchkam). Besonders hinderlich war das Fahren mit Anhänger. Die Gefahr des Aufsetzens war immer gegeben, obwohl bei späteren Bauserien (ab ca. 1943) vielfach die tiefliegenden Trittbrettkästen entfielen, und so manches Fahrzeug ging deshalb verloren, weil es sich weder vor- noch rückwärts bewegen konnte.

Fahrgestelle und Pumpen wurden in den oft über mehrere Tage dauernden Einsätzen über Gebühr beansprucht, und die Fahrzeuge mußten sich mit Schrittgeschwindigkeit über von Schuttmassen bedeckte Straßen und durch das Wirrwarr zerfetzter Straßenbahnoberleitungen vorwärtskämpfen, was zwangsläufig zu erhöhten Ausfällen führte. Was Menschen und Material damals zu leisten gezwungen waren, kann man sich heute beim besten Willen nicht mehr vorstellen!

Vielfältige Aufgaben der Feuerlöschkräfte im Zweiten Weltkrieg

Bei Kriegsbeginn wurde der zivile Luftschutz aufgerufen. Nach den Vorschriften des Luftschutzgesetzes wurde die Feuerschutzpolizei dem ab 4. Mai 1937 bestehenden Sicherheits- und Hilfsdienst (SHD) unterstellt und hatte innerhalb dieser Organisation den Bereich Feuerlöschdienst zu übernehmen. 1941 wurde diesem der Entgiftungsdienst angegliedert (FE-Dienst) und Mitte 1942 der gesamte SHD zur Luftschutzpolizei umorganisiert und in die Ordnungspolizei überführt.

So verfügten die Berliner Feuerwehren am 1. September 1939 bei einem Personalbestand von 4161 Mann über folgende Fahrzeuge, Motorspritzen und Anhänger:

- 201 Kraftfahrspritzen KS 25,
- 75 Kraftfahrspritzen KS 15,
- 138 Kraftzugspritzen KzS 8,
- 18 andere Kraftzugspritzen,
- 31 Motorspritzen,
- 18 Tankspritzen,
- 71 Schlauchwagen,
- 32 Drehleitern mit Stahlleitersatz,
- 21 Drehleitern mit Holzleitersatz,
- 143 Entgiftungswagen,
- 192 Tragkraftspritzenanhänger,
- 200 Personenkraftwagen,
- 319 Motorräder,
- 50 Lastwagen und Sonderfahrzeuge.

Dazu kamen noch 8 Löschboote.

Für die Wasserversorgung standen 40 000 Hydranten, die am öffentlichen Wassernetz angeschlossen waren, zur Verfügung. Daneben existierten noch fast 1300 sonstige Entnahmestellen (Feuerlöschbrunnen, Saugstellen, Feuerlöschteiche usw.), so daß man annehmen konnte, auf die kommenden Ereignisse gut vorbereitet zu sein. Sorgen bereiteten die vielen durch Einberufungen zur Wehrmacht entstandenen Fehlstellen. In Hamburg stand dem Soll von 3555 Mann ein Istbestand von 2423 Mann gegenüber, der aus 637 Feuerschutzpolizeibeamten, 750 freiwilligen Feuerwehrmännern und 1036 „Ergänzungs-Feuerwehrmännern" bestand. In Düsseldorf wurde der größte Teil der Ergänzungskräfte am 10. Oktober 1939 – wie wohl überall in

Kraftfahrdrehleiter (KL) 26 von Metz auf Mercedes-Benz LoD 3500 der Feuerlöschpolizei Hagen von 1935 bei einem Dachstuhlbrand. (08)

Deutschland – wieder freigestellt, da die befürchteten Luftangriffe ausblieben. Noch besaß die deutsche Luftwaffe ihre Luftüberlegenheit bzw. die Luftherrschaft. Mit Beginn des Westfeldzuges am 10. Mai 1940 mußten die Ersatzkräfte aber wieder einrücken.

Seit Kriegsbeginn wurde ständig mit allem Nachdruck an einer weiteren Ergänzung der Feuerlöschmaßnahmen gearbeitet. Dies galt vor allem – neben der Intensivierung der Ausbildung, insbesondere der Ersatzkräfte – dem Ausbau von Feuerlöschteichen und anderen Wasserreservoiren, die bei Ausfall des öffentlichen Wassernetzes die Löschwasserversorgung gewährleisten sollten. Die Ausbildung wurde dadurch sehr erschwert, daß dafür immer weniger des streng rationierten Kraftstoffs zur Verfügung stand.

Ab Mitte der 30er Jahre lieferte die Feuerwehrgeräteindustrie leistungsfähige Rüstkraftwagen mit heckseitigen 4,5-t-Klappkränen. Hier ist ein Lancia-6-t-Lkw vom Typ 3 RO (Fünfzylinder-93-PS-Motor) bei Neuengamme von der Fahrbahn abgekommen und wird vom Kranwagen der Feuerschutzpolizei Hamburg wieder flott gemacht. Aufnahmedatum: 12. 11. 1940. (beide 11)

Neben dem verstärkten Schutzraum- und Luftschutzbunkerbau und der Entrümpelung von Dachräumen kam den Dachstuhlimprägnierungen eine besondere Bedeutung zu. Bei diesem bereits vor dem Krieg angewendeten Verfahren wurden die Holzteile von Bauten mit einem neuentwickelten, organisch aufgebauten, schwer entflammbaren Schutzanstrich (Fabrikat Flammschutz Waldhof) versehen. So wirksam sich auch die Schutzwirkung des durch zweimaligen Anstrich erzeugten und bei Versuchen erprobten Isoliermantels gegenüber dem Feuer zeigte, bei Großbränden oder gar gegen Feuerstürme war auch diese Maßnahme wirkungslos.

Es wurden Tausende Feuerwehrfahrzeuge in Dienst gestellt. Nach Schätzungen wurden allein zwischen 1940 und 1944 mindestens 13 500 getypte Fahrzeuge gebaut, in erster Linie die am dringendsten benötigten Löschgruppenfahrzeuge. Drehleitern fertigte man nur noch in ganz geringen Stückzahlen. Welche enormen Kräfte für den Luftschutz aufgewendet werden mußten und dadurch anderen Bereichen nicht zur Verfügung standen, verdeutlicht allein schon die Tatsache, daß im Jahr 1942 monatlich über 500 Feuerwehrfahrzeuge von den Herstellerwerken ausgeliefert wurden. Nach einem Runderlaß des Reichsführers SS vom 14. August 1942 wurden die Fahrzeuge statt des grünen Farbanstrichs der Aufbauten und des schwarzen Anstrichs der Fahrgestelle mit dem matten, wehrmachtsgrauen Farban-

Entladung eines vermutlich in Frankreich erbeuteten britischen Jagdeinsitzers vom Typ Hawker Hurricane MK I unter Mitwirkung einer als Kran verwendeten KL 26 und des Hamburger RKW 4,5 in Hamburg am 6. 11. 1940. Das Flugzeug war Bestandteil einer Ausstellung erbeuteter Waffen und Geräte. (11)

Bergung eines Anhängers für Kohlentransporte für Pferdezug durch den Hamburger RKW 4,5 aus dem Isebekkanal am 8. 12. 1939. (11)

Oben links: Kraftfahrspritze (KS) 15 auf Magirus M 30 des Feuerschutzpolizeiregiments „Sachsen“ während einer Inspektion durch den damaligen Chef der Ordnungspolizei, SS-Obergruppenführer Kurt Daluege. (01)

Oben rechts: Angehörige des Regiments „Sachsen“ während eines Zwischenhalts auf Kolonnenfahrt. (01)

strich versehen. Dies führte zu einer erheblichen Einsparung in der Fertigung, worauf durch den Reichskommissar für die Preisbildung eine Preisreduzierung für die Aufbauten um ca. 18 % vorgenommen werden konnte.
Hätte man einen Teil der in den Luftschutz investierten Kräfte und Bemühungen für die aktive Reichsverteidigung (Flak und vor allem Jagdflugzeuge) mobil machen können, wäre der Nutzeffekt sicher größer gewesen, und es hätten sich viele Opfer und Zerstörungen vermeiden lassen. Aber solcherlei Betrachtungen gehören eigentlich schon nicht mehr zum Thema.

Der Beginn des Luftbrandkrieges

Seit der Luftschlacht um England in der zweiten Jahreshälfte 1940 hatte die deutsche Luftwaffe ihre technische und zahlenmäßige Überlegenheit nach und nach eingebüßt. Darüber hinaus wurden die Luftstreitkräfte auf verhängnisvolle Weise durch Verzettelung aufgrund ihres gleichzeitigen Einsatzes an verschiedenen Fronten aufgesplittert. Gravierende Planungsfehler und falsche Prioritäten von höchster Stelle (der Reichsverteidigung wurden niemals genügend Jagdflugzeuge zur Verfügung gestellt, um die Bomberströme erfolgreich abwehren zu können) führten zu einer weiteren Schwächung.
Hatten bisher nur relativ wenige gegnerische Flugzeuge angegriffen, änderte sich dies 1942, nachdem die Ortungsmöglichkeiten für Nachtangriffe verbessert und der britische Luftmarschall Harris, dem noch 1993 für seine „Verdienste“ auf diesem Gebiet in England ein Denkmal er-

Löschfahrzeuge der Feuerlöschpolizei Wolfsburg, aufgenommen ca. 1942/43. Von rechts: KzS 8 auf Opel-Blitz-1-t der ersten noch offen ausgeführten Bauserie, SLG auf KHD-S-3000-Fahrgestell, LLG auf Mercedes-Benz L 1500 und KzS 8 auf gleichem Fahrgestell in offener Ausführung. (22)

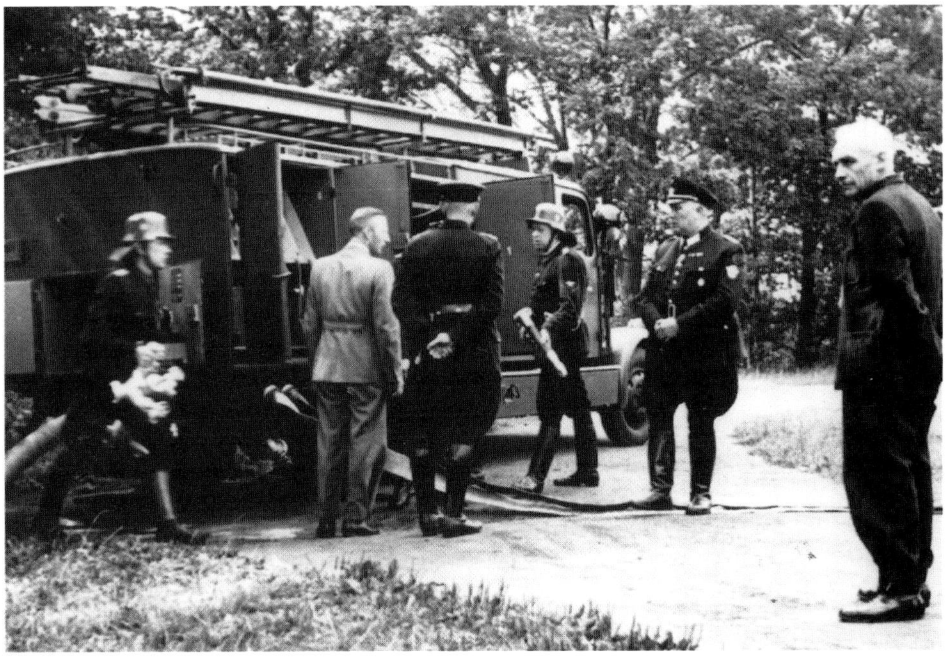

Rechts, von oben nach unten: Willkommenen Anlaß zu einer Löschübung bot das am 8. 8. 1942 von der Feuerwehr Oelde neu in Dienst gestellte Schwere Löschgruppenfahrzeug (SLG) auf Mercedes-Benz L 3000 mit Meyer-Hagen-Aufbau. (alle 23)

Schweres Löschgruppenfahrzeug (SLG) auf KHD S 3000 der Werkfeuerwehr I. G. Farbenindustrie Aktiengesellschaft, Krefeld-Uerdingen (der heutigen Bayer-AG), aufgenommen ca. 1943. (24)

richtet wurde, den Oberbefehl über das Bomber Command übernommen hatte. Mit ausdrücklicher Billigung höchster alliierter Regierungsstellen begann er alsbald ungezielte Terrorangriffe auf Städte in die Tat umzusetzen. Im März und April 1942 wurden zuerst Lübeck, dann Rostock von mehreren hundert Bombern angegriffen und zu einem großen Teil zerstört. Im Mai 1942 wurden bei einem Angriff auf Köln erstmals über 1000 Bomber eingesetzt. Immer größer wurde der Anteil der viermotorigen Langstreckenflugzeuge, die eine wesentlich größere Bombenzuladung als die früher üblichen zweimotorigen Maschinen transportieren konnten. Auch US-amerikanische Luftstreitkräfte erschienen in immer größeren Verbänden am Tage über Deutschland, während die Briten weiterhin auf Nachtangriffe spezialisiert blieben. Der Brandbombe kam bei der Beladung der Flugzeuge eine immer größere Bedeutung zu. Der F. u. E.-Dienst konnte auf diese Bedrohungen nur noch mit verstärkter überörtlicher Löschhilfe reagieren, denn bei Großangriffen waren die regionalen Löschkräfte bei weitem überfordert.

In der Festschrift der Freiwilligen Feuerwehr Kempten i. Allgäu aus dem Jahr 1956 wird über die Kriegszeit und die Einsatzbedingungen einer F. u. E.-Bereitschaft folgendes berichtet:

Die F. u. E.-Bereitschaft Kempten im Kriegseinsatz

Die Verstärkung des Luftkrieges brachte eine Vermehrung und Ausweitung der Schadensgebiete und des Schadensumfanges, so daß die Brände ein Ausmaß annahmen, deren Bekämpfung die Leistung der örtlichen Feuerlöschkräfte um ein Vielfaches überstieg. Auf Grund dieser Tatsache wurde auf Befehl des Inspekteurs der Ordnungspolizei im Wehrkreis VII (Ido VII) im Herbst 1942 die Aufstellung von Feuerlöschkompanien für überörtliche Einsätze angeordnet, die dann später zu Feuerwehrbereitschaften (F. u. E.-Bereitschaften) umgebildet wurden.

Die F. u. E.-Bereitschaft Kempten war bis zum Frühjahr 1943 aufgestellt und setzte sich zusammen aus

– dem Bereitschaftsstab mit 8 Mann und 2 Pkw sowie 2 Krafträdern,

– 2 Zügen, davon der

1. Zug	*mit 27 Mann*	*1 LF 25*
		1 LF 15
		1 Krad
2. Zug	*mit 22 Mann*	*1 LF 15*
		1 LF 8
		1 Krad

Zur gleichen Zeit stand auch noch der nachträglich mit Vorbaupumpe ausgerüstete ehemalige Pkw Mercedes-Benz 15/70/100 aus dem Jahre 1924 bei dieser Werkfeuerwehr im Einsatz. Besonders gut zu erkennen sind der Tarnscheinwerfer und die mit schmalen Lichtaustrittsschlitzen versehenen Abdeckungen der Frontscheinwerfer des Wagens. (24)

Benz-Gaggenau-3-CN-Automobilspritze mit Koebe-1500-l-Pumpe von 1925 in einer 1940 bei der FF Wiesbaden-Bierstedt entstandenen Aufnahme. Dieses offene, elastikbereifte Fahrzeug wurde Ende der 30er Jahre bei der FschPol Wiesbaden ausgemustert und den Freiwilligen Feuerwehren zur Verfügung gestellt. (17)

An Sonderfahrzeugen waren zugeteilt:

- *1 DL 26 und ein Schlauchkraftwagen S 3, besetzt mit zusammen 8 Mann.*

Außer der üblichen Gerätebestückung wurden an Schlauchmaterial

- *2000 m B- und 1500 m C-Schläuche mitgeführt.*

Die Erfahrung anderer Feuerwehreinheiten zeigte, daß für diese Einsätze die Bereitstellung einer Notverpflegung erforderlich war. Sichergestellt wurden hierfür je Mann und Einsatz: 130 g Fleischwaren, 75 g Butter, 125 g Käse und 600 g Brot.

Der gesamte Übungsbetrieb der Feuerwehr wurde auf die Ausbildung der F. u. E.-Bereitschaft für Großeinsätze umgestellt. Besonders erschwerend wirkten sich die Einberufungen zum Kriegsdienst und die dadurch bedingte Ersatzbeschaffung von Mannschaften aus. Zur Erhöhung der Schlagkraft wurden der Bereitschaft Kempten Löschgruppen von St. Mang angegliedert. Außerdem mußten zur Gewährung der Feuersicherheit der Stadt Kempten zusätzliche Löschgruppen aufgestellt werden. Der Aufruf der Bereitschaft erfolgte jeweils durch den Inspekteur der Ordnungspolizei in München oder durch dessen Beauftragten in Augsburg.

Für eine Reihe möglicher Einsatzorte wurden Auffangstellen festgelegt, so für Kaufbeuren, Augsburg und München.

Nachdem das Abrücken meist noch während des Fliegeralarms vor sich ging, wurde aus Sicherheitsgründen in offener Formation zum Einsatzort gefahren.

Am 7. September 1943 um 1.45 Uhr rückte die Bereitschaft erstmals nach München ab. Die zuständige Auffangstelle beorderte die F. u. E.-Bereitschaft an das Luftabschnittskommando Süd (LAK-Süd). Hier erfolgte die

1938 wurde von der FF Neu-Isenburg aus einem gebraucht gekauften Maybach Typ 5 (Sechszylindervergasermotor, 120 PS, 6950 cm^3 Hubraum) der hier gezeigte Feuerwehrgeräteschnellwagen in Dienst gestellt. An dem 1928 gebauten Fahrzeug wurde eine zweite Hinterachse sowie ein geschlossener Kastenaufbau angebracht, in dem eine TS 8/8 und weitere Ausrüstungsgegenstände gelagert wurden. Der mit Schnellgang ausgerüstete Feuerwehrwagen erreichte 120 km/h und wurde nach dem Krieg als LF 8-TS (außer Norm) bezeichnet. Nach der am 11. 3. 1961 erfolgten Ausmusterung wurde dieses Einzelstück in Unkenntnis seines historischen Werts leider um 1963 verschrottet. Daß es damals den meisten Fahrzeugen in Deutschland ähnlich erging, ist heute für die Wehr nur ein schwacher Trost. (07)

KS 25 auf Magirus FS 145 des SHD bei einem Übungseinsatz in Dortmund während des Krieges. (01)

Eine KS 15 auf MAN-Z-1-Fahrgestell von 1936 der F. u. E.-Abtlg. II, 4. Ber. Löschzug 2 des SHD Dortmund. (01)

Dieser Große Schlauchkraftwagen (GSK) auf Magirus FS 145 nahm ebenfalls an der Dortmunder Übung teil. An allen Fahrzeugen ist die auf 40 km/h begrenzte Höchstgeschwindigkeit ersichtlich. (01)

F. u. E.-Bereitschaft, bestehend aus KS 25 und KL 26, aufgenommen im November 1939 in Düsseldorf. (04)

Ausgabe des Einsatzbefehls zur Firma Perutz, Fertigung von Fotomaterialien, Kistlerhofstraße.
Die Anfahrt zur Einsatzstelle durch brennende Häuserreihen, durch Straßen, die nur notdürftig vom Schutt zerstörter Häuser freigemacht oder durch Sprengbomben aufgerissen waren, vermittelten den Männern der Bereitschaft erstmals das grausige Bild einer angeschlagenen Stadt. Die Angehörigen der Bereitschaft standen zum erstenmal einem Brand mit einer bisher nicht gekannten Ausdehnung und Heftigkeit gegenüber. Nur durch den selbstlosen und kühnen Einsatz konnte erreicht werden, daß wichtige Konstruktionsbüros, Lager und Werkstätten vor der Zerstörung bewahrt blieben.
Teile der Bereitschaft wurden zu den Schadenstellen „Früchtehof" an der Görlitzer Straße (Teil der Großmarkthalle), zu Wohnhäusern in der Poschetsrieder Straße und der Hofmannstraße befohlen.
Im Anschluß an den Einsatz bei Perutz wurde vom LAK-Süd die Bereitschaft zur Schadenstelle Baufirma Moll an der Hansastraße beordert. Außer den umfangreichen Holzvorräten des Lagerplatzes war das Sägewerk mit seinen großen Sägemehlvorräten vom Feuer erfaßt. Die ungeheure Hitze stellte an die Einsatzkräfte außergewöhnliche Anforderungen. Trotzdem gelang es, des ausgedehnten Feuers Herr zu werden und durch das Eindringen in den Sägemehlkeller wertvolle Maschinen vor der Zerstörung zu bewahren.
Die Einsatzdauer betrug etwa 22 Stunden.

Einsatz am 3. Oktober 1943 um 0.30 Uhr in München.
Nach Ankunft an der Auffangstelle erhielt die Bereitschaft vom LAK-Süd einen Einsatzbefehl nach der Baderstraße. Dort waren bereits ausreichende Löschkräfte eingesetzt. Nach Rückfrage beim LAK-Süd wurde der Befehl zum Abrücken an das Wilhelm-Gymnasium erteilt. Der mit der Führung beauftragte Lotse führte die Bereitschaft jedoch an das Nationaltheater. Das LAK-Süd bestätigte hierauf diese Schadenstelle.
Über die DL 26 erfolgte die Ablöschung der Dachverkleidung. Nach dem Öffnen des Blechdaches konnte der ausgedehnte Dachstuhlbrand angegangen werden. Daneben erfolgten Angriffe auf eine Reihe Brandstellen innerhalb des ausgedehnten Gebäudekomplexes.
Ein mitgeführter Rüstkraftwagen hatte bereits in Obergünzburg Motorschaden. Die Gruppe verlud die Gerätschaften auf einen nachgezogenen Lkw und kam nach

Opel-Blitz-1,5-t-Kraftzugspritze (KzS) 8 mit Stahlfahrerhaus der Luftschutzpolizei Köln (5. F. u. E.-Bereitschaft) in einer während der Kriegszeit entstandenen Aufnahme. Das auf dem Dach des Fahrerhauses befindliche Klappdreieck weist auf Anhängerbetrieb (Tragkraftspritzenanhänger) hin. (02)

Ein Tankwagen ist in Brand geraten. Die Feuerschutzpolizei Hamburg ist mit einer KS 25 (Mercedes-Benz LoS 3750) angerückt und bekämpft das Feuer des in voller Ausdehnung brennenden Fahrzeugs mit mehreren Rohren. Aufnahmedatum 11. 2. 1942. (alle 11)

KL 26 auf Mercedes-Benz LoD 3750 nach einem Luftangriff in der Düsseldorfer Altstadt im Sommer 1942. (19)

ihrer Ankunft durch das LAK-Süd an der Pfeuferstraße 39 zum Einsatz. Zu bemerken ist noch, daß starker Nebel die Fahrt erheblich behinderte.
Der Einsatz der Bereitschaft dauerte 23 Stunden.

Die bei den Einsätzen gemachten Erfahrungen wurden entsprechend ausgewertet. Vor allem erwies sich als notwendig, jeweils eine Bereitschaftsbefehlsstelle zu errichten und zur Erledigung der anfallenden Schreibarbeiten wie auch für die dauernde Besetzung der Befehlsstelle eine Helferin zu verpflichten.
Nach zwei größeren Einsätzen in Augsburg erfolgte am 25. April 1944 wiederum ein Einsatz nach München. (Dieser sehr schwere Angriff verursachte – gemäß Aufzeichnungen der Feuerschutzpolizei – insgesamt 7105 Einzelbrände.) Der Abmarsch erfolgte um 4.00 Uhr. Erstmals rückte die Löschgruppe Lenzfried mit ab. Die LS-Befehlsstelle am Sendlinger-Tor-Platz wies der Bereitschaft ein geschlossenes Gebiet zu. Dieses wurde begrenzt von Sendlinger-Tor-Platz, Schomerstraße, Bayerstraße, Karlstraße und Sonnenstraße.
Mit Rücksicht auf die riesige Ausdehnung des Schadensgebietes wurden der Bereitschaft wieder andere Löscheinheiten zugeteilt.
Ein Fliegeralarm zwang zur Unterbrechung der Löscharbeiten. Da sich die Brände aber in bedrohlicher Weise auszubreiten begannen, wurden trotz bestehender Luftgefahr die Löscharbeiten wieder aufgenommen. Nachdem die Bereitschaft nahezu am Ende ihrer physischen Kräfte war, sollte durch das abwechslungsweise Herausziehen von Teilen der Löschkräfte eine Ruhepause ermöglicht werden. Aber schon nach ca. einer Stunde mußten die abgelösten Kräfte wieder herangezogen werden, da die Ausdehnung der Brände und das Fehlen von Ersatzeinheiten dazu zwang.
Es gelang in allen Fällen, die Ausbreitung der Schadenfeuer zu verhindern. Der Umfang des Einsatzes ist aus der Verwendung von 2200 m Schläuchen ersichtlich, ohne daß eine Wasserversorgung über lange Wegstrecken erfolgte.
Die Einsatzdauer betrug rund 41 Stunden.
Die mit der Heftigkeit des Luftkrieges zunehmenden Schadensgrößen zwangen zum Einsatz der Bereitschaften noch während der Fliegeralarme und Angriffe. Somit war mit Opfern an Menschenleben zu rechnen. Daher wurde verfügt, daß die Angehörigen der Bereitschaften mit Erkennungsmarken auszurüsten sind.

Einsatz am 12. Juli 1944 in München (in der Zeit vom 11.–19. Juli 1944 erfolgten fünf Luftangriffe auf München, die insgesamt 6089 Einzelbrände zur Folge hatten). Abmarsch der Bereitschaft um 16.40 Uhr. Der LAK-Nord beorderte die Bereitschaft zum Schadensgebiet Rombergstraße, Hohenzollernstraße und Schönererplatz. Die dort bereits eingesetzten Löschkräfte wurden als ausreichend erachtet. Darauf wurde der Kemptener F. u. E.-Bereitschaft ein neues Gebiet – mit Unterstellung unter die LS Abt. mot 38 – zugewiesen. Da es aber in diesem Gebiet keine großen Schadensfälle mehr gab, wurde die Bereitschaft anschließend in den Bezirk Schelling-, Luisen- und Heßstraße befohlen. Die Brandbekämpfung war durch das Fehlen von Löschwasservorräten äußerst erschwert. Das Wasser mußte aus dem Löschwasserbehälter der Technischen Hochschule herangeführt werden.
Nachdem die Brandstellen weitgehend „schwarz" gemacht waren, erhielt die Bereitschaft den Befehl zum Füllen des Löschteiches im alten Botanischen Garten in

F. u. E.-Bereitschaft mit Bereitschaftsführer, aufgenommen in Krefeld. Im Vordergrund das Steyr-200-Cabriolet (Vierzylinder-35-PS-Vergasermotor mit 1,5 l Hubraum) dieser Einheit. (26)

Einheiten der FschPol Bochum mit mehreren KS 25 auf Mercedes-Benz LoS 3750. (27)

Zum Abpumpen des Hochwassers nach dem verheerenden Bombenangriff auf den Möhnestausee in der Nacht vom 16. zum 17. 5. 1943 wurden in großem Umfang überörtliche Löschkräfte herangezogen. Neben zwei KS 25 ist als zweites Fahrzeug von links eine offene Automobilspritze im Einsatz. Das SLG auf KHD S 3000 am rechten Bildrand war aus Wanne-Eickel angerückt. Bei den meisten Fahrzeugen sind die Motorabdeckungen geöffnet, um bessere Kühlung bei dem stundenlangen Dauereinsatz zu gewährleisten. (27)

KL 26 der FschPol Hamburg im Einsatz nach einem Bombenangriff im Jahre 1942. (11)

der Gabelsbergerstraße aus dem Bach in der Sparkassenstraße.
Während des Aufbaus erfolgte Fliegeralarm und ein neuerlicher Luftangriff. Die Mannschaften wurden in den Luftschutzkellern der Residenz und der Alten Münze untergebracht; die Fahrzeuge aus Sicherheitsgründen entsprechend auseinandergezogen.
Obige Gebäude wurden durch Spreng- und Brandbomben getroffen, ohne daß jedoch Personenschäden eintraten. Durch die sofortige Bekämpfung der Brandbomben und Entstehungsbrände in der Alten Münze und in den Gebäuden rund um den Max-Joseph-Platz konnten diese gerettet werden.
Als einziges Fahrzeug war das Fahrzeug der Löschgruppe Lenzfried durch Brandbomben getroffen worden. Durch rasches Eingreifen konnte der Entstehungsbrand gelöscht werden.
Die Bereitschaft erhielt Einsatzbefehle zum Telegrafenamt am Bahnhofplatz, zum Hotel Stadt Wien und zum Hotel Royal, beide an der Bayerstraße, sowie zur Theatinerkirche.
Die Bereitschaft mußte deshalb geteilt werden.
Im Telegrafenamt war eine größere Zahl von Telefonistinnen vom Feuer eingeschlossen. Das gänzliche Fehlen von Löschwasser in erreichbarer Nähe und eine Anzahl gemeldeter Blindgänger im Objekt machten jeden Rettungsversuch zunichte. Aus dem gleichen Grunde mußte der Angriff in den beiden Hotels eingestellt werden. Neben dem LF 8 des 2. Zuges detonierte ein Blindgänger. Er beschädigte jedoch nur das Fahrzeug; wie durch ein Wunder blieb die Mannschaft unverletzt. Das Schadensgebiet wurde von einer LS Abt. mot übernommen. Der hier eingesetzte Teil der Bereitschaft wurde ebenfalls an die Theatinerkirche befohlen.
Der mit Kupferblech eingedeckte Kuppelbau der Theatinerkirche brannte. Die ungeheure Hitze und die starke Rauchentwicklung der unter dem Kuppeldach befindlichen Brandstellen stellten an die Mannschaften die allergrößten Anforderungen. Der Innenangriff mußte stundenlang unter Sauerstoffschutzgeräten durchgeführt werden. Erschwerend waren die engen Wendeltreppen und Gänge. Erst durch das Aufreißen des Blechdaches, das nach mehrmaligen Versuchen gelang, kam der Einsatz zum Erfolg. Durch den Wagemut von Dienstgraden und Mannschaften konnte die Theatinerkirche der Stadt München erhalten werden.

Hamburg nach den schweren Luftangriffen im Sommer 1943. Löschkräfte sammeln sich auf einem vom Feuersturm noch verschonten Platz in der Stadt. Rauchwolken verdunkeln den Himmel und sind noch auf weite Entfernung sichtbar. (11)

Einheiten der FschPol Köln mit einer KS 25 mit Metz-Aufbau (Mercedes-Benz LoS 3750) in einem auswärtigen Einsatz in Krefeld am 22. 6. 1943 vor der Krefelder Hauptfeuerwache Florastraße. (02)

Auswärtiger Einsatz der Kölner Feuerwehr nach Essen am 13. 5. 1943. Im Bild eine auf Lkw verlastete Feldküche (Gulaschkanone) zur Erstversorgung der ausgebombten Bevölkerung bzw. zur Eigenversorgung. (02)

Die Besatzung einer Kölner KS 25 bei einem Einsatz in Düsseldorf am 12. 6. 1943. Die ernsten Gesichter sprechen eine eindringliche Sprache. (02)

Die Kölner F. u. E.-Bereitschaft auf der Rückfahrt von einem Einsatz in Essen am 6. 3. 1943. (02)

Nach dem zweiten Luftangriff erhielt die in Kempten verbliebene Reserve mit dem Rüstkraftwagen und einer TS 8 Abrückbefehl nach München. Sie war an 12 verschiedenen Schadensstellen um den Gärtnerplatz eingesetzt. Die Bereitschaft war rund 40 Stunden und die Reservegruppe rund 30 Stunden im Einsatz.
Bis zum Kriegsende erfolgten noch weitere auswärtige Einsätze der F. u. E.-Bereitschaft Kempten.
Durch den selbstlosen und zum Teil bis zur Erschöpfung erfolgten Einsatz aller Angehörigen der Bereitschaft – in einigen Fällen sogar unter Lebensgefahr – konnten die gestellten Aufgaben weitgehend erfüllt werden. Ernsthafte körperliche Schäden oder gar Personalverluste traten erfreulicherweise nicht ein.
Dienstgrade und Mannschaften gaben ihr Bestes; sie rechtfertigten in vollem Umfang das von der Bevölkerung in sie gesetzte Vertrauen. Die Kameradschaft war außergewöhnlich und bildete die Grundlage für die überragenden Leistungen.
Bis zum Kriegsende wurden in München 455 öffentliche Luftwarnungen durchgegeben. 240mal heulten die Sirenen zum Fliegeralarm. 71 Luftangriffe mußte die Stadt über sich ergehen lassen, bei welchen 6201 Personen (darunter 15 im Feuerlöschdienst eingesetzte Männer) den Tod fanden. 15 801 Personen (darunter 274 Männer der Feuerlöschdienste) wurden verwundet.

Bombenterror, Feuerstürme und Wassergassen

Mit den Terrorangriffen, die im Sommer 1943 Hamburg fast vollständig zerstörten, erreichte der Luftkrieg erstmals eine völlig neue Dimension. Die entstandenen Auswirkungen waren so verheerend, daß „ausgedehnte Teile der angegriffenen Gebiete in kaum einer halben Stunde in ein einziges Flammenmeer verwandelt wurden. Tausende von Einzel-

KL 26 (Mercedes-Benz LoD 3750) der FschPol Köln am 6. 3. 1943 nach einem Einsatz in Essen. (02)

Die zur damaligen Zeit noch überwiegend in den Stadtzentren liegenden Feuerwachen wurden durch Luftangriffe ebenfalls mehr oder weniger stark in Mitleidenschaft gezogen. Die Kölner Feuerwache Altermarkt wurde total zerstört. Fahrzeuge und Besatzungen mußten ab 30. 6. 1943 vorerst unter freiem Himmel kampieren. (beide 02)

Auch die Feuerwache Melchiorstraße sah nach den Angriffen nur wenig besser aus. Auf dem Hof befanden sich – neben Schrott und Schutt – auch einige reparaturbedürftige Fahrzeuge. Die fortwährenden Dauerbelastungen setzten Fahrzeugen und Geräten überaus stark zu und führten zu erhöhten Ausfällen. (02)

Körperpflege nach einem Einsatz in Köln am 30. 6. 1943. (02)

bränden verbanden sich in den geschlossenen und teilweise besonders eng bebauten Gebieten innerhalb kürzester Zeit zu ausgedehnten Flächenbränden. Es entwickelten sich Feuerstürme von orkanartiger Gewalt, in denen Temperaturen von 800–1000 Grad Celsius herrschten und Bäume bis zu einem Meter Durchmesser glatt abdrehten oder entwurzelten".

Die Feuerlöschdienste, die durch teilweise von weither herbeigeorderte F. u. E.-Bereitschaften verstärkt worden waren, konnten gegen diese riesigen Flächenbrände nur wenig ausrichten. Jetzt und auch in Zukunft mußte man sich auf die Menschenrettung und den Schutz wichtiger Gebäude und Einrichtungen beschränken. Flächenbrände und Feuerstürme stellten die F. u. E.-Dienste vor gänzlich neue Probleme, da oft große Menschengruppen auf den Straßen, in Kellern und Luftschutzbunkern vom Feuer eingeschlossen waren. Nur im Schutz der dünnen Schleier von Wassergassen, mit denen sich die Löschkräfte mitunter mehrere hundert Meter tief in die Flächenbrandgebiete vorkämpften, konnten die Eingeschlossenen – bei Erfolg dieser Maßnahme, was vor allem genügend Löschwasser voraussetzte – an sichere Plätze gebracht werden. In Hamburg wurden etwa 18 000 Menschen durch Wassergassen gerettet. In der am 31. August 1943 herausgegebenen 1. Durchführungsverordnung zum Luftschutzgesetz reagierte man deshalb entsprechend: „... vordringlich ist aber in Luftschutzkellern eingeschlossenen Menschen Hilfe zu bringen, was oft nur über – von zahlreichen Strahlrohren gebildete – Wassergassen möglich ist, und nach Aufbau kilometerlanger Schlauchleitungen für die Löschwasserförderung zu versuchen, Brandkatastrophen nie gekannten Ausmaßes zu lokalisieren, ..." In diesem Sinne wurden die Feuerlöschkräfte über Jahre hinweg eingesetzt, und wohl niemand, der es nicht selbst erlebt hat, wird ermessen können, was Meldungen wie beim Großangriff auf Kassel vom 22. Oktober 1943 – „Die Stadt brennt in voller Ausdehnung" – für die betroffenen Bewohner und Feuerwehrmänner bedeuteten. Trotz Bedrohung durch hochgehende Langzeitzünder, einstürzende Gebäudefassaden in voll brennenden Stadtvierteln und unter dem Eindruck noch nie erlebter Feuerstürme war der Wille, zu retten und zu löschen, bis zum Ende ungebrochen. Das Schicksal von Hamburg blieb auch anderen Großstädten nicht erspart, wenn auch die Feuerstürme späterer Angriffe – mit Ausnahme Dresdens – nicht mehr hamburgische Ausmaße erreichten.

Der Luftkrieg wurde zunehmend härter und erreichte in den letzten Kriegsmonaten seinen traurigen Höhepunkt. Auch Klein- und Mittelstädte – ohne jede strategische Bedeutung – wurden nun von der Kriegsfurie heimgesucht. Die Angriffe auf Dresden im Februar 1945 gehörten zu den sinnlosesten Grausamkeiten dieses Krieges. Eine annähernd genaue Zahl der Todesopfer wird sich wohl nie ermitteln lassen.

Allein auf dem Altmarkt wurden über 9000 Bombenopfer infolge drohender Seuchengefahr auf großen Scheiterhaufen verbrannt, da man diese nicht schnell genug in Massengräbern beerdigen konnte.

Die Lösch- und Rettungsmannschaften hatten vergeblich gegen die unvorstellbare Feuersbrunst angekämpft und dabei selbst hohe Verluste erlitten. Einem Polizeibericht zufolge waren von den Angehörigen des F. u. E.-Dienstes Dresden 171 Mann gefallen, 132 verwundet und mehr als 300 vermißt (d. h. wohl überwiegend ums Leben gekommen). Es ging außerdem die Hälfte des Fahrzeugbestandes und 23 000 m Schlauchleitung verloren. Die überörtlichen Löschkräfte erlitten weitere Verluste. Bekannt geworden ist das Schicksal der F. u. E.-Bereitschaft Bad Schandau, die schon auf der Anfahrt in einen Flächenabwurf geriet und dabei weitgehend vernichtet wurde.

Personelle Engpässe

Da die Personalfrage bei den Feuerlöschdiensten ab 1943 immer dringender wurde, begann man die Lücken vielfach mit „Ukrainischen Schutzmannschaften" zu füllen. Sprachschwierigkeiten (es wurden mehrsprachige Dienst- und Einsatzvorschriften herausgegeben) und auch schlechte Behandlung kennzeichneten das Verhältnis zur übrigen Mannschaft. Erstaunlicherweise standen die meisten dieser zum Dienst gezwungenen Menschen trotzdem ihren Mann und sicherlich verdanken viele deutsche Zivilisten diesen Ukrainern und den „Hilfswilligen" anderer Nationen ihr Leben.

Ab 1943 mußten auch die Feuerwehren alle personellen und materiellen Kräfte mobilisieren. Diesen Pontiac-Silver-Streak von 1937, der einem Amerikaner gehörte und bei Kriegsausbruch eingezogen wurde, setzte eine Löschgruppe der HJ-Feuerwehr Ostenfelde ein. Aufgenommen im Sommer 1944 auf dem Schulhof vor dem Feuerwehrgerätehaus des Ortes. (28)

Das letzte Aufgebot. Mehr als viele Worte macht der Anblick dieser HJ-Löschgruppe der Feuerwehr Hüls bei Krefeld die bereits 1944 aussichtslose Lage für Deutschland deutlich. Das Einsatzfahrzeug ist ein SLG (LF 15) auf Mercedes-Benz L 3000. (01)

Neben halben Kindern mußten auch in immer größerem Umfang ältere Jahrgänge eingesetzt werden. Die 1944 vor einer Magirus KS 15 versammelte Mannschaft der Feuerwehr Marburg dokumentiert dies sehr eindringlich. (29)

Auch die Jüngsten mußten ran. Von der anfänglichen Begeisterung, die das Gesicht dieses Hitlerjungen ausdrückt, blieb am Ende meist nicht mehr viel übrig. Gesehen in Köln 1943/44. (02)

In Hamburg betrug bei Kriegsbeginn der Anteil der Ergänzungsmannschaften noch rund 40 %, bei Kriegsende lag er bei 70–80 %, davon waren ungefähr ein Drittel Ausländer. Am 1. Februar 1945 waren von den 2914 Kräften des F. u. E.-Dienstes 1974 Deutsche, 723 Ukrainer, 83 Polen und 134 Frauen.

Frauengruppen, aber auch Hitlerjugendgruppen wurden ab Sommer 1943 vor allem in Landgemeinden und kleineren Städten als Ergänzungskräfte aufgestellt. Viele meldeten sich freiwillig zum Dienst, und es sind wohl über 250 000 Frauen während des Krieges bei den unterschiedlichen Einheiten der Feuerlöschdienste eingesetzt worden.

Der Zusammenbruch

Als die Front näher rückte, mußten verschiedene Feuerlöscheinheiten sog. „Waffenkompanien“ zur Verstärkung der Heimatfront aufstellen. Mit dieser sinnlosen Maßnahme wurden diese Kräfte unmittelbar ins Kriegsgeschehen einbezogen. Die Maßnahme, daß im November 1944 für die Ordnungspolizei und damit auch für die Luftschutzpolizei SS-Soldbücher eingeführt wurden, obwohl diese mit der SS nicht das geringste zu tun hatte, zog bei Kriegsende mitunter schwerwiegende Folgen durch die Besatzer für die Besitzer dieser Soldbücher nach sich.

Die Feuerwehren versuchten zu dieser Zeit, zum Teil auf höhere Weisung hin, aber auch aus Eigeninitiative, einen Teil der Fahrzeugbestände aus den Ballungsräumen auf das Land zu verlagern, um sie vor Kampfhandlungen bzw. vor den Alliierten in Sicherheit zu bringen. Aber auch dort

So sah das Ende aus: Überall zerstörte oder total heruntergewirtschaftete Feuerwehrfahrzeuge. Hier das Wrack einer Magirus-M-45-KL 26 nach dem Luftangriff auf Lübeck im Frühjahr 1942. (11)

drohten Gefahren, denn was von den Fahrzeugen nicht schon früher am Standort durch Bomben- bzw. Trümmerschäden und Ersatzteilmangel außer Gefecht gesetzt worden war, blieb nun auf den Verlegungsmärschen aus den von den vorrückenden Alliierten bedrohten Gebieten infolge Motorschäden, Jabobeschuß oder auch anderer Ursachen liegen. Der ausbleibende Kraftstoffnachschub bedeutete für viele Fahrzeuge den Stillstand, so daß bei Kriegsende nicht nur Militär-, sondern auch viele herrenlose Feuerwehrfahrzeuge unterschiedlichen Zustands auf Straßen, Wegen und in der Landschaft verlassen herumstanden und dem Vandalismus preisgegeben waren.

Die meisten Großstädte waren zu dieser Zeit fast jeden Feuerschutzes entblößt.

Der Zusammenbruch Deutschlands und gleichzeitig auch der Feuerlöschkräfte war vollkommen. Als die Amerikaner am 28. März 1945 Mannheim besetzten, bestand der Feuerlöschdienst dort aus nur noch ganzen drei Mann!

Völlig ausgebrannte und zerstörte KS 25 auf Magirus FS 145, aufgenommen in Hamburg im Juli 1943. (02)

4. Nachkriegssituation und Feuerwehrfahrzeugentwicklung in den Jahren des Wirtschaftswunders

Entmilitarisierung und Entnazifizierung

Wie überall in Deutschland begann nach dem Zusammenbruch im Mai 1945 auch für die Feuerwehren – nach den Entbehrungen der Kriegszeit – eine weitere, fast noch schwerere Zeit, die nur ganz allmählich in zäher Arbeit und mit ungebrochenem, systematischem Aufbauwillen überwunden werden konnte und die vom Verfasser dieser Zeilen ganz bewußt etwas ausführlicher dargestellt werden soll. Auch unter den Besatzungsmächten ging der Dienst bei der Feuerwehr weiter, nur daß jetzt keine Bomben mehr fielen und das Leben nicht mehr unmittelbar bedroht war. Entnazifizierung und Entmilitarisierung begannen sofort und bedeuteten, daß als erste Maßnahmen der „Deutsche Gruß" abgeschafft, Hakenkreuze entfernt und die Begriffe „Feuerschutz"- bzw. „Luftschutzpolizei" der Vergangenheit angehörten.

Die notwendigen Anweisungen für den Dienstbetrieb wurden von den Militärregierungen gegeben. Zu dem üblichen Verfahren der Besatzungsmächte gehörte es – wie bei jedem politischen Machtwechsel –, die bisherigen Führungskräfte in den Verwaltungen und Organisationen zu entfernen bzw. auszuwechseln.

Zu den ersten Maßnahmen gehörte vielerorts die Übertragung des Krankentransportes, der seit 1943 dem DRK unterstellt worden war, an die Berufsfeuerwehren. Geeignete Fahrzeuge – und das waren viel zuwenig – wurden entweder vom DRK oder von den Besatzungsmächten zur Verfügung gestellt. In der Regel mußten diese aber auch noch umgebaut bzw. repariert werden. An eine Neubeschaffung von Krankenwagen war nicht zu denken – und das in einer Zeit, in der Krankentransporte vermehrt erforderlich wurden. Die Berufsfeuerwehr Hamburg erhielt erst 1947 die ersten elf neuen Krankenwagen vom Typ Mercedes-Benz 170 V.

In den ersten Monaten galt es zunächst – vereinzelt auch mit Unterstützung örtlicher Reparaturwerkstätten, überwiegend aber in Eigenleistung –, wieder einen Fahrzeug- und Gerätebestand zu schaffen, der den dringendsten Bedürfnissen genügte.

Unterstützung fanden die Berufsfeuerwehren vielfach bei den Kräften der freiwilligen Feuerwehren, die sich, kaum daß die Kampfhandlungen abgeschlossen waren, wieder zusammenfanden und zur Selbsthilfe griffen. Manchmal übernahmen auch intakt gebliebene Werkfeuerwehren den Feuerschutz von Städten und Gemeinden, so die Fabrikfeuerwehr der Firma Heinrich Lanz AG, die für den Brandschutz Mannheims bis zum 15. Mai 1945 zuständig war.

Mühsamer Aufbau der Fahrzeugparks

In Berlin wurden im Sommer 1945 – wegen des überall herrschenden Treibstoffmangels – zwei alte Elektrofahrzeuge wieder betriebsbereit gemacht, mit denen das schwierige Kraftstoffproblem zumindest teilweise umgangen werden konnte. Mit Hilfe dieser Fahrzeuge konnte man Wracks bergen, aber auch herrenlose Fahrzeuge einschleppen, die entweder repariert oder als Ersatzteilspender ausgeschlachtet werden konnten.

Am 2. Juli 1945 verfügte die Feuerwehr Berlins über einen Personalbestand von 495 Mann und folgende Fahrzeuge:

- 2 Löschgruppenfahrzeuge LF 25,
- 1 Löschgruppenfahrzeug LF 15,
- 2 Gerätewagen,
- 1 Drehleiter,
- 1 Lastkraftwagen,
- 3 Personenkraftwagen.

Ab August 1945 erhielten die Berliner Fahrzeuge wieder einen roten Farbanstrich mit der Aufschrift „Feuerwehr Berlin". Motorhaube und vordere Kotflügel mußten auf alliierte Anordnung gelb gestrichen, die Fahrzeugrückseite mit einem gelben Farbkreis versehen werden. Dies erschien nötig, um sie von allen Zivil- und Militärfahrzeugen der Besatzungsmächte zu unterscheiden.

So sah es nach Kriegsende aus: Die Freiwillige Feuerwehr Baiersdorf bei Nürnberg konnte sich glücklich schätzen, noch eine einsatzbereite Automobilspritze von 1932 (Mercedes-Benz Lo 2000 mit 1200-l-Pumpe) im Bestand zu haben. Mit diesem Fahrzeug ist die Besatzung in Zivilkleidung angerückt, um den Brand eines mit Benzinkanistern beladenen US-amerikanischen Lkw auf der Forchheimer Straße zu löschen. (30)

Offene Kraftzugspritze (KzS) 8 der Berliner Berufsfeuerwehr – von den Berliner Feuerwehrmännern wurde dieser Typ „Katze" genannt – auf Opel-Blitz-1-Tonner im Jahre 1946 mit dem von den alliierten Besatzern vorgeschriebenen gelben Anstrich der Motorhaube. (31)

Löschgruppenfahrzeug LF 25 (ex KS 25) auf Magirus-M-45-Fahrgestell der Berliner Feuerwehr im Zustand 1946 mit gelbgestrichener Motorhaube. (31)

Die Feuerwehr Berlin wurde alsbald von den Besatzungsmächten mit dem Rettungsdienst betraut. Wie fast überall im notleidenden Deutschland gestaltete sich die Fahrzeugbeschaffung zu einem großen Problem. In Berlin wurde der Rettungsdienst mit Beutefahrzeugen oder alliierten Sanitätsfahrzeugen ausgerüstet. Dieser „Schnellhilfewagen (Shw)" aus dem Jahre 1946 ist ein 1940 gebauter Renault-AGC-3-Kastenwagen mit Vierzylinder-48-PS-Motor und 2400 cm^3 Hubraum, der bereits als Sankra der Wehrmacht im Einsatz gestanden hatte. (31)

Mercedes-Benz LoS 3500 als LF 25 mit Metz-Aufbau der Feuerwehr Wolfsburg. (22)

Unter nicht zu beschreibenden Schwierigkeiten vollzog sich in der Folgezeit die Instandsetzung von Fahrzeugen und Geräten. Fast alle Fahrzeuge und ebenso die Ausrüstung waren durch die große Zahl der Einsätze stark verschlissen und in einem sehr desolaten Zustand. Dazu kam, daß sehr viele Fahrzeuge, meistenteils vollbeladen mit Ausrüstungsgegenständen, Bekleidungsstücken usw., in den letzten Kriegswochen ausgelagert worden waren und zunächst nicht zur Verfügung standen.

Die Duisburger Feuerlöscheinheiten z. B. hatte es u. a. nach Beckum, Hameln, Detmold, Uelzen, Hamburg und Lübeck verschlagen.

Sobald es die Zeit zuließ, ging man daran, diese durch regelrechte Suchkommandos aufzuspüren und in die ursprünglichen Einsatzorte zurückzuführen, was aber nur teilweise gelang. Ein größerer Teil der Fahrzeuge hatte neue Besitzer gefunden oder war nicht mehr auffindbar. Was rückgeführt werden konnte, war fast immer stark reparaturbedürftig, teilweise mehr oder weniger Schrott und daher auch in absehbarer Zeit nicht einsatzfähig.

Mit viel Idealismus und wenig Ersatzteilen wurden die Fahrzeuge mit manchmal an Wunder grenzendem Können repariert. Doch dies alles reichte vielfach nicht aus, da nun mal bestimmte Ersatzteile, Reifen und Kraftstoff nicht selbst hergestellt werden konnten und daher oftmals mehr Fahrzeuge außer Dienst als im Dienst standen. So waren beispielsweise in Leipzig von sieben Krankenwagen für liegend zu transportierende Hilfsbedürftige im Durchschnitt nur zwei Wagen einsatzbereit.

Aufnahme eines TLF 15 (früher Tankkraftspritze) auf Opel-Blitz 6700 A der Freiwilligen Feuerwehr Geesthacht mit angetretener Mannschaft im Jahre 1946. Da die Wehr zum britischen Besatzungsbereich gehörte, mußten die Fahrzeuge zweisprachige Türaufschriften tragen. (20)

Die BF Mannheim setzte in den ersten Nachkriegsjahren diesen VW Typ 82 (Kübelwagen) der ehemaligen Deutschen Wehrmacht als Funkwagen ein. Dieser überaus zuverlässige Typ besaß den anfangs nur 25 PS starken Boxermotor mit Luftkühlung des berühmten VW-Käfer. (06)

Am 31. März 1946 bestand der Fahrzeugpark der Berufsfeuerwehr Berlin immerhin schon aus folgenden Fahrzeugen:

- 14 Löschgruppenfahrzeuge LF 25,
- 3 Löschgruppenfahrzeuge LF 8 mit TSA,
- 4 Drehleitern DL 26 bzw. DL 30,
- 3 Schlauchwagen (1 Stück S 3, 2 Stück S 4,5),
- 1 Tanklöschfahrzeug TLF 15,
- 1 Sauerstoffgerätewagen,
- 1 Rüstwagen,
- 1 Tutogenwagen (Lkw mit Pritsche), ehemals LF 25,
- 1 Kohlensäuregeneratoranhänger,
- 6 Arbeitswagen
- 7 Personenkraftwagen (einschließlich Fahrschulwagen),
- 10 Motorräder mit und ohne Seitenwagen,
- 15 Tragkraftspritzen.

Hinzu kam, daß viele Fahrzeuge von den Besatzern für eigene Zwecke requiriert wurden. Vielfach sah man diese nie wieder. Einen gewissen Ausgleich bedeuteten die überall herumstehenden reichseigenen Feuerwehrfahrzeuge und Militärfahrzeuge der Deutschen Wehrmacht, derer man versuchte, habhaft zu werden, wo immer sich Gelegenheit dazu bot.
Auch auf dem Schwarzmarkt oder im Tauschverfahren war man gelegentlich erfolgreich, um Mangelartikel, Geräte und Fahrzeuge zu beschaffen. Der Berufsfeuerwehr Stuttgart gelang beispielsweise die Beschaffung einer Metz-DL 46 auf Mercedes-Benz-Fahrgestell aus den Beständen der ehemaligen Reichsparteitagverwaltung in Nürnberg im Tausch gegen sieben Tragkraftspritzen.

Umbauten und Provisorien

Da neue Fahrgestelle nicht zur Verfügung standen, mußten die vorhandenen Fahrzeuge immer wieder repariert, überholt und umgebaut werden. Dafür ein Beispiel aus Düsseldorf: 1945/46 wurde ein LF 8 auf Opel-Blitz-3-t-Fahrgestell bei der Firma Miesen/Bonn mit einem Krankenwagenaufbau versehen, dann 1950/51 zu einem Tanklöschfahrzeug TLF 15 umgebaut. Dazu erhielt das Fahrzeug einen 2500-l-Tank, eine Feuerlöschkreiselpumpe und eine Haspel mit 30 m Hochdruckschlauch. Der Aufbau des Fahrzeugs entsprach der Bauart 1943/44, mit Ausnahme des Fahrerhauses, das für Staffelbesatzung eingerichtet war. Später wurde das Fahrzeug noch mit einem Kipperaufbau versehen, bis es dann 1963 ausgedient hatte und verschrottet wurde.

Auch die VW-Version als allradgetriebener Schwimmwagen (Typ 166) befand sich noch einige Jahre im Bestand der Mannheimer Feuerwehr. (06)

Diesen Steyr Typ 1500 A, ehemaliger Mannschaftswagen der Wehrmacht, hatte es nach dem Krieg nach Neuenrade verschlagen. Das 85 PS starke Fahrzeug mit V-8-Motor, wurde in Eigenregie umgebaut und befand sich dort als Löschfahrzeug von 1949–1960 im Dienst. (01)

Opel-Blitz-1,5-t (ex KzS 8) mit 53-PS-Vergasermotor und behelfsmäßigem Aufbau als erster Einsatzwagen der FF Weeze Niederrhein. (01)

Magirus-Kraftfahrspritze der FF Hannover beim Festumzug anläßlich eines Jubiläums Anfang der 50er Jahre. Diese mit 800-l-Feuerlöschkreiselpumpen bestückten Fahrzeuge wurden während des Dritten Reiches vorzugsweise bei den HJ-Feuerwehren (Hitlerjugend), aber auch bei manchen Werkfeuerwehren eingesetzt. (32)

Benz-Gaggenau-1-C-Mannschaftswagen (ehemaliger Krankenwagen) mit Vierzylinder-35-PS-Vergasermotor, der unmittelbar nach Kriegsende als Zugfahrzeug für einen Tragkraftspritzenanhänger bei der FF Ostenfelde in Dienst gestellt wurde. (28)

Opel-Blitz-1,5-t als LF 8 mit Meyer-Hagen-Aufbau, geliefert 1951 an die FF Ostenfelde. Dieses Fahrzeug wird heute von einem Sammler in Oelde erhalten. (28)

Dodge T 214-WC 54 Special (4×4) als in Eigenleistung umgebautes Feuerwehrfahrzeug der FF Eicherscheid (ehemaliger Krankenwagen der US-Army). Im Hintergrund ein Mercedes-Benz L 1500 S als LF 8. (33)

Oben: Der nach dem Krieg herrschende Fahrzeugmangel ließ die Feuerwehren zu vielerlei Notbehelfen greifen. Die BF Göttingen stellte diesen ehemaligen mittleren Schützen-Panzerwagen der Deutschen Wehrmacht (Sd.Kfz.251) als erstes Bergefahrzeug nach Eigenumrüstung in Dienst. Dabei mußte der erhebliche Durst des 100 PS starken Sechszylinder-Maybach-Vergasermotors (mind. 50 l auf 100 Kilometer bei Fahrten auf der Straße) in Kauf genommen werden. Weitere Einzelheiten zu diesem interessanten Fahrzeug sind leider nicht bekannt. (21)

Rechts Mitte: Tanklöschfahrzeuge waren der große Renner nach dem Kriege. Aus allen möglichen Fahrzeugen wurden TLF zusammengebastelt. Dieses TLF der BF Mannheim entstand vermutlich auf einem Lkw-Fahrgestell des Mercedes-Benz L 3000, indem die Kabine verlängert und der Aufbau einer Tankkraftspritze auf die Hinterachse gesetzt wurde. (06)

Diese ehemalige Flugplatz-Tankspritze Ts 2,5 mit Vorbaupumpe auf Henschel 33 D 1 (100-PS-Vergasermotor) mit Magirus-Aufbau stand noch einige Jahre nach dem Krieg bei der FF Marburg im Dienst. (29)

Zwei Krankenwagen der Wolfsburger Feuerwehr: links Borgward-Eintonner (Vierzylinder-33-PS-Motor) und Opel-Blitz 1,5 t (Vierzylindermotor mit 53 PS). Beide Fahrzeuge stammen noch aus der Vorkriegszeit. (22)

Mit welchen Vehikeln die Feuerwehren manchmal ausrücken mußten, geht aus einem Bericht der Freiwilligen Feuerwehr Ostenfelde hervor. Der Löschzug mußte den während des Krieges als Zugfahrzeug für die Koebe-Motorspritze in Dienst gestellten amerikanischen Pontiac-Personenkraftwagen nach Kriegsende abgeben und erhielt dafür einen alten umgebauten Krankenwagen, Fabrikat Benz-Gaggenau, mit Elastikbereifung und Holzspeichen, Rechtslenkung, außen liegender Handbremse und unverglastem Fahrerhaus. Die Gangschaltung war nur mit roher Gewalt unter Zuhilfenahme des Fußes zu betätigen, und bremsen mußte man bereits 100 m vor einem Hindernis, sonst wäre der Wagen nicht rechtzeitig zum Stehen gekommen.
Der Kühler war ständig undicht und ein Benzinverbrauch von 50 l auf 100 Kilometer normal. Bei defektem Anlasser mußte die Kurbel zu Hilfe genommen werden, und der Vergaser mußte vor dem Starten erst hochgezogen werden, bis das Benzin überlief. Wenn man Glück hatte, sprang der Motor dann an.
Nach einem Brandeinsatz am 25. März 1947 bekam die Mannschaft das Fahrzeug nicht mehr in Gang, so daß es mit einem alten Traktor zum Gerätehaus geschleppt werden mußte. Man tat zwar alles, um den Wagen fahrbereit zu halten, aber es gab keine Ersatzteile mehr. Bis den Wehrmännern eines Tages die Galle überlief und sie den Wagen dem Bürgermeister als unzumutbar zur Verfügung stellten. Es ging einfach nicht mehr!
Bis man endlich am 11. November 1951 ein neues Opel-Blitz-1,5-t-LF 8 in Dienst stellen konnte, mußte solange ein Opel-Blitz-3-t-Omnibus mit noch brauchbarer Maschine als Feuerwehrfahrzeug herhalten, an dem der Anhänger mit der Motorspritze mit einer Kette befestigt wurde.
Auch überzählige Fahrzeuge aus Armeebeständen der Besatzungsstreitkräfte wurden von Feuerwehren erworben und für Einsatzzwecke hergerichtet. 1948 erwarb die Gemeinde Imgenbroich, Eifel, für 800 RM ein ausgemustertes Sanitätsfahrzeug (Dodge WC 54) der US-Army, das in Mönchengladbach abgeholt und in örtlichen Werkstätten umgebaut und von der Freiwilligen Feuerwehr Eicherscheid in Dienst gestellt wurde. Dieses war das erste motorisierte Feuerwehrfahrzeug des Amtsbezirks und befand sich bis 1961, als der TÜV den Wagen wegen Rostschäden und schlechter Bremsen nicht mehr passieren ließ, im Einsatz.

Wiederaufbau unter größten Schwierigkeiten

Neben Fahrzeugen und Ausrüstungsgegenständen galt es, bei stark dezimiertem Mannschaftsbestand, die mehr oder weniger stark zerstörten Feuerwachen instand zu setzen und vor allem winterfest zu machen. Hinzu kamen meist völlig zerstörte Feuermelde- und Alarmanlagen. Zahlreiche Straßen waren durch Schuttmassen unbefahrbar. Die Beschädigungen der Hauptwasserleitungen und des Hydrantennetzes waren erheblich und die Löschwasserversorgung dadurch sehr erschwert. Es entwickelte sich überall eine rührige Tätigkeit unter Aufbietung aller eigenen Kräfte, da an eine Unterstützung durch Fremdfirmen so gut wie nicht zu denken war. Oftmals waren die Männer der Erschöpfung nahe, zumal die Verpflegung bei weitem nicht ausreichend – richtiger gesagt, einfach ungenügend war. Strom stand nur selten zur Verfügung, so daß in den Werkstätten vermehrt Handarbeit geleistet werden mußte.

Oben: Ein Teil der Werkfeuerwehr der Daimler-Benz-AG, Sindelfingen, im Jahr 1946 vor einem Mercedes-Benz L 4500-LF 25 (ex GLG) von 1942. Das im Hintergrund befindliche Gebäude zeigt noch die Spuren des Krieges. (05)

Unten: Die ersten Feuerlöscheinheiten der BF Hamburg nach dem Kriege. Auf der Frontscheibe des rechts abgebildeten Fahrzeugs (Mercedes-Benz L 1500 S als LF 8) ist „Feuerwehr-Fire-Brigade" zu entziffern. (11)

Drehleitereinsatz am 17. 8. 1949 durch die BF Hamburg auf dem Gelände der Deutschen Shell AG. (11)

Unvorstellbare Einsatzbedingungen

Die Schwierigkeiten für den Einsatz der Feuerlöschkräfte waren in der ersten Zeit der Besatzung sehr groß, da die Feuerwehr wegen Zerstörung der Feuermeldeanlagen und der Stillegung von Fernsprecheinrichtungen nur sehr schwer alarmiert werden konnte. Dabei traten jahrelang in erhöhtem Maße Brände durch laienhaft angelegte Installationen für Beleuchtungs-, Heiz- und Kochzwecke auf.

Das Einreißen einsturzgefährdeter Ruinen gehörte noch lange zum Tagesgeschäft der Feuerwehren. In manchen Fällen mußte von speziell dazu ausgebildeten Kräften der Feuerwehr auch die Beseitigung von Blindgängern durchgeführt werden. Mehr denn je wurde die Feuerwehr zu dieser Zeit als „Mädchen für alles" eingesetzt und übernahm dabei Aufgaben, die zu normalen Zeiten Zivilfirmen übertragen worden wären.

In der ersten Zeit konnte in manchen Städten dem Hilfeersuchen nur mit Primitivausrüstungen auf Handkarren und ähnlichen Gefährten nachgekommen werden. Zu Einsätzen lief man damals in privater Zivilkleidung – auf Anordnung der Besatzer durfte die grüne Uniform der Feuerschutzpolizei nicht mehr getragen werden –, und die Zugehörigkeit zur Feuerwehr wurde teilweise durch das Tragen von Armbinden dokumentiert. Erst nach und nach konnte für eine ausreichende Schutzkleidung gesorgt werden.

Mangel an Leder führte dazu, daß in Berlin für den Winter 1945 für den Dienstbetrieb eigentlich völlig ungeeignete Holzschuhe beschafft wurden, die neben der Unbequemlichkeit und Unfallgefahr leider auch nicht warm hielten. Doch etwas Besseres stand nicht zur Verfügung.

Welch große Schwierigkeiten die Feuerwehren beim ersten überregionalen Katastropheneinsatz der Nachkriegszeit zu überwinden hatten, geht aus nachstehendem Bericht hervor.

Es gab kaum Baustoffe. Vieles mußte mit Behelfsmitteln gelöst werden. Es ist heute kaum noch vorstellbar, daß damals – wie in einer Festschrift der Werkfeuerwehr der Daimler-Benz AG, Sindelfingen, berichtet wird – zum Beispiel ein Hallenboden als eine in Sand verlegte Backsteinflachschicht (Zement war nicht erhältlich) ausgeführt wurde.

Fahrzeugpark der BF Mülheim, Ruhr, aufgenommen ungefähr 1946. Die unterschiedlichsten Fahrzeuge haben sich auf diesem Platz eingefunden. Der Pkw im Vordergrund ist ein Opel Super 6 (Sechszylinder-55-PS-Vergasermotor) der Bauserie 1937/38, der als Brandmeisterwagen diente. (34)

Einsatzleitung unter freiem Himmel, gesehen beim Waldbrand im Arnspitzgebiet 1947. Auf dem Waldweg (von links) folgende Fahrzeuge: Opel-Blitz-1-t-KTW, Magirus S 3000 als Kundendienstfahrzeug der Firma Magirus, Ulm, Mercedes-Benz-L 4500-Schlauchwagen S 4,5, dessen Bereifung zum Schutz gegen die starke Sonnenbestrahlung und vermutlich auch wegen des schlechten Allgemeinzustandes mit Decken geschützt ist. (35)

Waldbrand im Arnspitzgebiet bei Mittenwald im Spätsommer 1947

Infolge großer Trockenheit und langer hochsommerlicher Temperaturen war Ende August 1947 im Arnspitzgebiet im Riedbogen südlich von Mittenwald, unmittelbar an der deutsch-österreichischen Grenze, ein Waldbrand in den Bergen ausgebrochen, der sich schon bald zu einem die ganze Umgebung bedrohenden Großflächenbrand entwickelt hatte. An der Ostseite des Berges war in einer Ausdehnung von etwa 150 ha der Wald vom Latschenfeld unterhalb des Gipfels bis etwa zum untersten Viertel in Brand geraten.
Da der Brand immer weiter um sich griff und sogar die Stadt Mittenwald bedroht war, wurde schließlich ein Riesenaufgebot an Feuerwehren der näheren und weiteren Umgebung aus insgesamt 22 Stadt- und Landkreisen alarmiert und zur Landesgrenze in Bewegung gesetzt. Darunter befanden sich Einheiten aus München, Augsburg, Regensburg, Ingolstadt, Schweinfurt und Nürnberg, ferner waren die Kundendienste der Firmen Magirus, Ulm, und Ziegler, Giengen, mit insgesamt 28 TS 2 und 3 und 1200 m Schlauch zur Stelle. Auch Österreich entsandte Wehren aus drei Gemeinden (Leutasch, Seefeld und Innsbruck); dazu kamen die US-Feuerwehren aus zwei Standorten (Murnau und Garmisch).
Vom 25. August bis zum 24. September 1947 standen rund 550 auswärtige Feuerwehrmänner im Einsatz. Die örtlichen Kräfte konnten das letzte Strahlrohr erst am 3. Oktober zurücknehmen. Besonders erschwerend war, daß das Löschwasser aus der 800 m tiefer liegenden Isar und aus der Leutasch gefördert werden mußte. Die oberste Tragkraftspritze arbeitete in 1800 m Höhe.
Auch die Freiwillige Feuerwehr Kempten erhielt am Samstag, den 13. September 1947 Einsatzbefehl und rückte, unterstützt von benachbarten Feuerwehren des Landkreises, um 16.00 Uhr mit ca. 30 Mann und folgenden Geräten ab: zwei LF 25, ein LF 8, ein S 3, acht TS 8, ein Lkw und ein Pkw. Die französische Besatzungsbehörde genehmigte formlos die Durchfahrt nach Tirol. Abends kam man in Mittenwald an und bezog Quartier, wo zunächst keine Decken, sondern nur dünne Strohsäcke zur Verfügung standen.
In der danach folgenden Lagebesprechung wurde festgelegt, die Kräfte zur Abschirmung gegen Mittenwald einzuschieben, da durch den jederzeit zu erwartenden Föhn und die damit verbundenen aufkommenden Winde der Waldbrand eine unmittelbare Gefahr für den Ort bedeutet hätte. Der Auftrag lautete: Eindämmung des Brandes von Norden her, Wasserversorgung aus einem 12-m^3-Bottich der Amerikaner in etwa halber Höhe.
Die Tragkraftspritzen, das Schlauchmaterial, die Armaturen und der Treibstoff wurden teils durch eine Trägergruppe, in der Hauptsache durch eigene Leute, mühevoll nach oben gebracht, die Schlauchlagen verlegt und schließlich im Laufe des ersten Tages mit vier C-Rohren gegen das Feuer vorgegangen. Eine außerordentliche Erschwerung der Arbeiten verursachte der durch den Brand hervorgerufene Steinschlag; deswegen konnte der Bergwaldbrand nachts nicht bekämpft werden.
Am nächsten Tag wurde die Brandbekämpfung weiter vorgetragen, aber in der darauffolgenden Nacht trieb ein starker Wind das Feuer gegen die vorgeschobenen Stellungen, so daß die Löschkräfte gezwungen waren, sich am nächsten Morgen in größter Eile zurückzuziehen.
Als sehr wertvolle Geräte erwiesen sich in den folgenden Tagen die von der Firma Albert Ziegler entgegenkommenderweise zur Verfügung gestellten TS 3, die zuverlässiger als die recht störanfälligen TS 8 arbeiteten.
In den nächsten Tagen gelang es, den Anschluß zu den benachbarten Augsburger Kräften herzustellen. Ein LF 25 saugte ab Sonntag aus der Isar und beteiligte sich an der von allen eingesetzten Kräften aufgebauten Wasserversorgung. Das Einsatzgebiet der Kemptener Kräfte umfaßte eine Fläche von ca. 10 ha in einer Höhe zwischen 1100 und 1300 m. Am Schluß befanden sich 14 TS im Einsatz.
Am 21. September erfolgte der Auftrag zum Abbau und Abrücken zu einem in der Nähe ausgebrochenen neuen Waldbrand bei Grießen. Nach dort erfolgtem Einsatz konnte am 25. September gegen 17.30 Uhr endlich die Heimfahrt angetreten werden.

Der gesamte Einsatz der Kemptener Kräfte ging in drei Ablösungen vor sich. Bei der dritten Ablösung waren viele Wehrmänner dabei, die bereits den ersten Einsatz mitgemacht hatten. Zwei Wehrmänner wurden durch Steinschlag leicht verletzt.
In einem am 27. Oktober 1947 verfaßten Schreiben an alle beteiligten Wehren drückte der Bürgermeister des Kurortes Mittenwald seinen besonderen Dank und seine Anerkennung für die erfolgreiche Brandbekämpfung aus. In wochenlangem Einsatz waren die Bemühungen der vereinigten Löschkräfte schließlich doch von Erfolg gekrönt gewesen. Die Regenfälle im Herbst verhinderten endgültig ein weiteres Aufflackern der Brände.
Besonders berücksichtigt werden sollte aber auch, daß dieser Einsatz – erst rund zwei Jahre nach dem demoralisierenden Zusammenbruch des Jahres 1945 und damit auch des Feuerlöschwesens – unter den Erschwernissen der Kalorienberechnung der täglichen, rationierten Lebensmittelmenge durchzustehen war. Die Wehrmänner konnten sich – bei schwerster körperlicher Arbeit – noch nicht einmal richtig satt essen! Die Tagesration Wurst betrug je Feuerwehrmann zunächst nur ganze 100 g und konnte erst nach hartnäckigen Verhandlungen auf die doppelte Menge erhöht werden.
So mancher Wehrmann verbrannte sich bei diesem Einsatz seine letzten Stiefel!

Währungsreform und Normung

Die 1948 erfolgte Währungsreform änderte die Mangelsituation zwar nicht schlagartig auf allen Gebieten, aber es gab in steigendem Maße wieder Ersatzteile, Werkzeug, Ausrüstungszubehör und viele Gegenstände, die man selbst mit guten Verbindungen zum Schwarzmarkt oder auf dem Tauschwege nicht auftreiben konnte. In der Zwischenzeit war auch die Produktion von neuen Fahrgestellen langsam wieder in Gang gekommen, nachdem die gröbsten Kriegsschäden bei den Herstellern beseitigt waren. Zu Beginn der 50er Jahre boten fast alle Hersteller ein mehr oder weniger breites Lastwagenverkaufsprogramm an, wovon auch die Feuerwehren profitierten, so daß in Zukunft Feuerwehrfahrzeuge in zunehmendem Umfang beschafft werden konnten. Seit der Währungsreform 1948 bis Ende 1956 konnten die in der 1949 gegründeten Bundesrepublik Deutschland ansässigen Hersteller von Feuerwehrfahrzeugen insgesamt rund 3000 neue Fahrzeuge in unterschiedlichen Fahrgestell- und Aufbauvarianten den Wehren zur Verfügung stellen. Die Gestaltung dieser Fahrzeuge vollzog sich weitgehend nach den seit 1948 in Arbeit befindlichen Typen und Normen des „Fachnormenausschusses Feuerlöschwesen (FNFW)“. Dessen Bemühungen gipfelten in der im September 1955 als verbindlicher Vornorm herausgegebenen Norm DIN 14 530 als Baurichtlinie für Löschfahrzeuge und der DIN 14 701 „Kraftfahr-Drehleitern“, die im Jahre 1957 in Kraft gesetzt wurde.
Während die Norm DIN 14 530 Löschgruppenfahrzeuge LF 8 und LF 16 (mit und ohne eingeschobene Tragkraftspritze), Tanklöschfahrzeuge TLF 8 und 16 sowie Tragkraftspritzenfahrzeuge (TSF und TSF-T) enthielt, war DIN 14 701 auf Drehleitern verschiedener Auszugslängen (von 12 bis 50 m) zugeschnitten.

Feuerwehrfest in Trier im Jahre 1951. Die Vielfalt der versammelten Fahrzeugtypen läßt heute das Herz eines jeden Fahrzeugfans höher schlagen! Bis auf Fahrzeug Nr. 7 (von links) – ein Ford Ruhr als LF 8 – und das ganz vorn befindliche Magirus-Deutz-S-3500-LF 15 – stammen noch alle Modelle aus der Zeit vor 1945. (36)

Feuerwehrfahrzeuge der BF Mannheim vor der Hauptwache Ende der 40er Jahre. (06)

Magirus M 45 als LF 25 (ex. KS 25) der FF Geesthacht. Dieses 1943 von der FschPol Hamburg übernommene Fahrzeug wurde 1964 durch ein LF 16 (Mercedes-Benz 1113) ersetzt und anschließend verschrottet. (20)

Diese Normen basierten auf den im Dritten Reich gemachten Erfahrungen, waren aber im Gegensatz dazu weniger stark standardisiert. Neben der wesentlich größeren Anzahl von Trägerfahrgestellen, die für Feuerwehraufbauten zur Verfügung standen, waren die Besteller nicht mehr unbedingt an die Normen gebunden. Die Bezuschussung einer Fahrzeugbeschaffung durch Landesmittel war allerdings

davon abhängig, ob ein den Normbestimmungen entsprechendes Fahrzeug beschafft wurde.
In der in den verbliebenen östlichen Landesteilen bis zur Oder-Neisse-Linie 1949 entstandenen Deutschen Demokratischen Republik (DDR) wurden 1950 Brandschutz und Feuerwehren der Hauptverwaltung der Deutschen Volkspolizei unterstellt. Die Feuerwehrfahrzeugentwicklung erfuhr eine wesentlich stärkere Standardisierung, die selbstverständlich auch viele Vorteile hatte. Vergleichbar mit den westlichen Normen waren die „Technischen Güte- und Lieferbedingungen (TGL)“, in denen die Gestaltungsmerkmale der Feuerwehrfahrzeuge festgelegt wurden.

Die Beschaffung neuer Fahrzeuge

Der Nachholbedarf an Feuerwehrfahrzeugen war in beiden deutschen Staaten, bedingt durch die großen Kriegsverluste, sehr groß, denn während laut Statistik 1956 in West-

Oben links: Feuerlöschübung der Daimler-Benz-Werkfeuerwehr, Sindelfingen, ca. 1952. Hier ein Feuerwehrmann am Verteiler, im Hintergrund ein Mercedes-Benz L 3000 als LF 15. (05)

Links ein nagelneues TLF 15 (mit Metz-Aufbau und offenem Pumpenstand am Heck) auf Mercedes-Benz-L 3500/36-Chassis während der gleichen Übung. (05)

Unten das gleiche Fahrzeug bei einer im Jahre 1950 entstandenen Aufnahme. Es ist beachtenswert, daß das TLF zu diesem Zeitpunkt noch keine verchromte Kühlerattrappe (bei der Daimler-Benz-Werkfeuerwehr damals üblich) besitzt. (05)

deutschland nur noch 10 % der Personenkraftwagen und 15,9 % der Lastkraftwagen aus der Kriegs- und Vorkriegszeit stammten, lag der entsprechende Anteil bei den Feuerwehrfahrzeugen bei 66,4 % – bei Drehleitern sogar bei 75 % – (davon rund 35 % aus der Zeit vor 1929), was auf eine starke Überalterung der Bestände hinwies. Vergleichbares Zahlenmaterial aus der ehemaligen DDR steht nicht zur Verfügung.

Rechts: So etwas fuhr auch mal bei einer Feuerwehr! Raupen-LF mit Vorbaupumpe „Studebaker-Weasel, M 29" (Sechszylindermotor, 65 PS), ex US-Army, Baujahr 1943, Anfang der 50er Jahre bei der BF Freiburg oder einer Wehr der Umgebung im Dienst. (37)

Die FF Lette baute 1952 den unten gezeigten Chevrolet von 1942 zu einem TLF 15 um. Er wurde 1951 in Espelkamp erworben und bei der Firma Karl Höweler Karosseriebau, Werther, 1952 in den abgebildeten Zustand umgebaut. Neben einer Magirus-Vorbaupumpe besaß das Fahrzeug einen Schaummitteltank, der in den vorhandenen Wassertank integriert war. Die Motorleistung des Fahrzeugs betrug 95 PS, die Höchstgeschwindigkeit 60 km/h. Das spätere Kfz-Kennzeichen lautete WD-247. Das Ausmusterungsdatum ist nicht bekannt. (38)

Unten: Feuerwehrumzug in einer schwäbischen Ortschaft Anfang der 50er Jahre. Die Beförderung von Mannschaften und Geräten mit Traktoren (hier Fabrikat Fahr) war bei ländlichen Wehren noch lange Zeit die Regel. Im Hintergrund der neue Magirus-S-3500 als TLF 15 der Werkfeuerwehr Voith, Heidenheim/Brenz. Auf der Aufnahme daneben ein US-amerikanischer Dodge T 223-WC 63 (6×6) und ein weiteres aus US-Beständen stammendes Fahrzeug. (beide 01)

Das erste Feuerwehrfahrzeug der FF Schaephuysen bei Moers, ein Ford-BB-Lastwagen mit 52-PS-Motor und angehängter Motorspritze, aufgenommen im Mai 1951. (01)

Links: Auch solche Veteranen standen nach dem Krieg noch vielfach in Feuerwehrdiensten. Mercedes-Benz 14/60 PS, Typ 350, als Mannschaftstransportwagen mit angehängter Motorspritze aus dem Jahre 1929. Anfang der 50er Jahre bei der FF Idstein im Einsatz. (01)

Rechts: Fahrzeuge der BF Heilbronn im Jahre 1952. Von links: Mercedes-Benz L 3000 als LF 15, L 1500 S als LF 8, ein weiteres L 3000-LF 15 und Mercedes-Benz L 701 (Lizenz-Opel) als TLF 15 mit Einheitsfahrerhaus der Kriegszeit und offenem Tank. (06)

Rechte Seite unten: Die Fahrzeuge der FF Uelzen 1954. Alle abgebildeten Modelle stammen noch aus den Jahren vor 1945. Beachtenswert das dritte und sechste Fahrzeug von links (Fliegerkraftspritze (FlKS) 15 mit Magirus-Aufbau auf Henschel-30-BA-1-Chassis). Leider blieb keines dieser seltenen Fahrzeuge erhalten. (01)

Links eine Fliegerkraftspritze (FlKS) 15 auf FS 330 von Klöckner-Deutz, Baujahr ca. 1943; 1945 von der FF Harsefeld in Dienst gestellt und im September 1966 dort ausgesondert. (01)

In den 50er Jahren kristallisierten sich einige Beschaffungsschwerpunkte heraus. Eindeutige Spitzenreiter in der Statistik waren die im Krieg bewährten Tanklöschfahrzeuge. Das war teilweise auch verständlich, führte doch das TLF einen ansehnlichen Wasservorrat auf dem Fahrzeug mit und war sofort löschbereit, unabhängig von der örtlichen Wasserversorgung. Ein Alleskönner war das TLF aber trotzdem nicht, denn Mannschaftsstärke und Ausrüstungspotential mußten aus Gewichtsgründen zwangsläufig geringer als beim Löschgruppenfahrzeug ausfallen, so daß die Enttäuschung verschiedentlich groß war, wenn von einem allein auf sich selbst gestellten TLF die Leistungsfähigkeit eines LF erwartet wurde. Als Ergänzungsfahrzeug zu einem bereits vorhandenen Löschgruppenfahrzeug spielte es aber nicht nur auf dem Lande und bei schlechter Wasserversorgung eine sehr sinnvolle Rolle, sondern auch als drittes Fahrzeug eines Löschzuges bei städtischen Feuerwehren (neben Löschgruppenfahrzeug und Drehleiter), denn ein größerer Teil der Brände konnte fortan mit den mitgeführten Wasser-

Rechts: Feuerwehrfahrzeuge der FF Hameln, aufgenommen ca. 1957 vor dem 1924 vollendeten Ostertorwallgiebel des neuen Feuerwehr-Gerätehauses. Von links: Mercedes-Benz-L 1500 als LF 8 und drei LF 15 auf Mercedes-Benz-LS 3000 mit Metz-Aufbauten. (01)

Feuerwehrfahrzeuge der BF Düsseldorf auf dem Hof der Feuerwache Behrensstraße. Im Vordergrund FS 145 als LF 25 von Magirus, gefolgt von einer DL 30 auf Magirus M 45. Das erste Fahrzeug – eine ehemalige KS 25 – befand sich vom 10. 5. 1940 – 9. 4. 1962 im Einsatz, während die Drehleiter 1963 ausgemustert wurde. (beide 04)

vorräten – ohne Zuhilfenahme des öffentlichen Wassernetzes – gelöscht werden.

Auf dem Lande nahm die Ausweitung der Feuerwehrmotorisierung durch neue Löschgruppenfahrzeuge LF 8 und Tragkraftspritzenfahrzeuge (TSF) einen nur langsamen Fortgang. Viele Anhänger und einachsige Motorspritzen mußten noch auf Jahre hinaus von Traktoren gezogen werden, bis man die finanziellen Mittel für ein Feuerwehrfahrzeug aufbringen konnte.

Die Auswirkungen des Wirtschaftswunders ließen den Bedarf an Kran- und Bergefahrzeugen, Gerätewagen aller Art sowie von Spezial- und Sonderlöschfahrzeugen stark ansteigen. Während erstere bei technischen Hilfeleistungen (nicht zuletzt durch den sprunghaft zunehmenden Straßenverkehr und die damit gestiegene Unfallhäufigkeit) immer öfter zu Einsätzen gerufen wurden – die Brandeinsätze nahmen statistisch gesehen einen immer geringeren Prozentsatz ein –, war letztere Gruppe vor allem für Werkfeuerwehren der in Aufbau und Expansion befindlichen chemischen und petrochemischen Industrie oder auch für manche städtische Wehr von großer Bedeutung. Diese Fahrzeuge führten Sonderlöschmittel in Form von Schaummittel, Löschpulver oder CO_2 mit.

Mercedes-Benz L 4500 F als LF 25 (ex KS 25) der BF Köln, aufgenommen ca. 1952/53. (02)

Klöckner-Deutz S 4500 als LF 25 (ex GLG) als Fahrzeug Nr. 1 der BF Solingen Anfang der 50er Jahre. (39)

Magirus-FS 145 als LF 25 (ex KS 25) der BF Hannover. (32)

Noch etwas älter war das abgebildete LF (ex KS) 25 auf Magirus M 45 der FF Rendsburg, als es bei einem Festumzug in den 50er Jahren fotografiert wurde. (40)

Oben: Ausbildung am LF 25 (ex KS) auf Mercedes-Benz LoS 3750 vor der alten Feuerwache an der Leonhardstraße in der Castroper Altstadt ca. Mitte der 50er Jahre. (beide 41)

Unten: Klöckner-Deutz S 3000 als LF 15 (ex SLG) von 1942 während einer Übung. Dieses Fahrzeug stand bis 1963 bei der FF Kreuztal (b. Siegen) im Einsatzdienst. (42)

Einsatzübung mit dem auf einem LF 25 mitgeführten Schaumgießgestänge bei der BF Hannover am 13.3.1951. Das zusammensteckbare Gestänge diente speziell zur Tankbrandbekämpfung in Mineralöllagern. (alle 32)

Auch der stark zunehmende Luftverkehr erforderte für die Sicherheit der Flughäfen immer größere und leistungsstärkere Spezialfahrzeuge.
Ungefähr ab Mitte der 50er Jahre begann man im Feuerwehrfahrzeugbau die bisherige Gemischtbauweise (Stahl und Holz) durch die Leichtstahl- oder Leichtmetallbauweise abzulösen, welche Verarbeitungsvorteile (leichtere maschinelle Verformbarkeit) bot und daher preisgünstiger zu realisieren war.
Frontlenkerfahrgestelle bestimmten ab Mitte der 60er Jahre zunehmend das Erscheinungsbild.

Alarm! Das LF 25 auf Mercedes-Benz LoS 3750 rückt aus. Das Foto zeigt ein Fahrzeug der Werkfeuerwehr BASF Ludwigshafen. (10)

Klöckner-Deutz S 4500 als LF 25 (ex GLG), aufgenommen ca. 1953 bei der BF Köln. (02)

Übung an einer ehemaligen KS 25 auf dem Hof einer Kölner Feuerwache ca. 1953. (02)

Fahrzeuge der BF Köln rücken aus. In der Bildmitte eines der neuen Magirus-Deutz S 3500 als DL 25. Rechts ein LF 25 auf Magirus FS 145. Aufnahmedatum: 1954. (02)

Einsatzfahrzeuge der FF Castrop-Rauxel, aufgenommen im Juni 1951. Am linken Bildrand bereits ein neues Tanklöschfahrzeug auf Mercedes-Benz LF 3500 von Meyer-Hagen. (41)

Fahrzeuge der BF Duisburg am 4. 10. 1951 in der Fahrzeughalle. Im Vordergrund eine DL 26 auf Mercedes-Benz LoD 3500, dahinter ein LF 25 auf Klöckner-Deutz S 4500. (32)

Loschgruppentahrzeuge und Schlauchwagen der BF Dortmund in den 50er Jahren. Dieses Bild verdeutlicht, in welch großen Stückzahlen die Fahrzeuge der Kriegsjahrgänge gebaut wurden. (43)

Fahrzeuge der FF Wipperfürth im Jahre 1951. Im Vordergrund eine ehemalige KzS 8 auf Opel-Blitz 1,5 t mit angehängter Motorspritze, gefolgt von einem brandneuen TLF 15 mit Metz-Aufbau auf Mercedes-Benz LF 3500/42. (01)

Das Opel-Blitz-TLF-15 auf 6700-A-Fahrgestell der FF Geesthacht (mit zusätzlich bestücktem Werfer, der von den britischen Besatzungstruppen „organisiert" worden war) ist 1958 zu einem Busbrand (Magirus-Deutz O 3500) am Heuweg gerufen worden. (20)

Rechte Seite:
Magirus-FS 145 als LF 25 (ex KS) und ein von Bachert aufgebautes TLF 15 auf Mercedes-Benz LF 3500/36 der Nachkriegsgeneration der BF Hamburg während eines Brandeinsatzes in der Innenstadt. Unten links ein Dreirad vom Typ Tempo Hanseat. (11)

2. 5. 1957: Auf der Steinstraße in Geesthacht brennt eine Halle der ehemaligen Sauerkohlfabrik. Rechts das Opel-Blitz-TLF-15, daneben ein Mercedes-Benz L 3000 S (ehemaliger Entgiftungskraftwagen), der nun als Gerätewagen dient, im Einsatz. Im Vordergrund drei Propangasflaschen, die vor einer Explosion aus dem brennenden Gebäude geborgen werden konnten. (20)

LLG auf Mercedes-Benz-L 1500 S der FF Fulda das zu einem Schaumlöschfahrzeug unter Verwendung eines Schaumlöschanhängers umgebaut worden war. Das zweite Fahrzeug ist ein Mercedes-Benz L 701 (Opel-Lizenzbau) als LF 15 mit Hartfaserplattenaufbau der Kriegszeit. (01)

Eine Löschgruppe der FF Kirchgellersen mit ihrer Mercedes-Benz-L 1500 als KzS 8 auf dem Weg zu einer Übung in den 50er Jahren. (01)

Fahrzeuge der Feuerwehr Osnabrück im Jahre 1952. Von links: VW 1200, Opel-Blitz 3,6-42 als LF 15 (ex KS 15) mit Koebe-Aufbau, Magirus-Deutz S 3500 als TLF 15/48 und Klöckner-Deutz-S 4500 als DL 32 (ex GDL). Der VW-Brandmeisterwagen trägt das erstmals von der BF Osnabrück versuchsweise im Bundesgebiet eingeführte beleuchtbare Dachtransparent „Feuerwehr folgt“, das helfen sollte, die schon damals vorhandenen Probleme bei Alarmfahrten zu beseitigen. (45)

MERCEDES-BENZ

Feuerwehr- und Rettungsfahrzeuge

Löschfahrzeuge • Tanklöschfahrzeuge • Kraftfahrdrehleitern
Schlauchkraftwagen • Rüstkraftwagen • Krankenkraftwagen

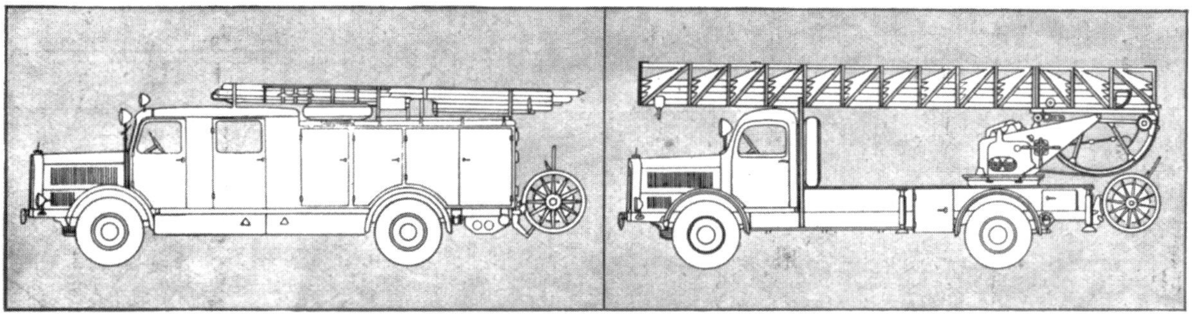

DAIMLER-BENZ AKTIENGESELLSCHAFT
WERK GAGGENAU

Motorwechsel mittels Kettenflaschenzug an einem LF 25 (Magirus FS 145) der BF Dortmund. (beide 43)

Wartungs- und Pflegedienst an einer DL 26 (Mercedes-Benz LoD 3750 mit Metz-Aufbau) der BF Mannheim. (06)

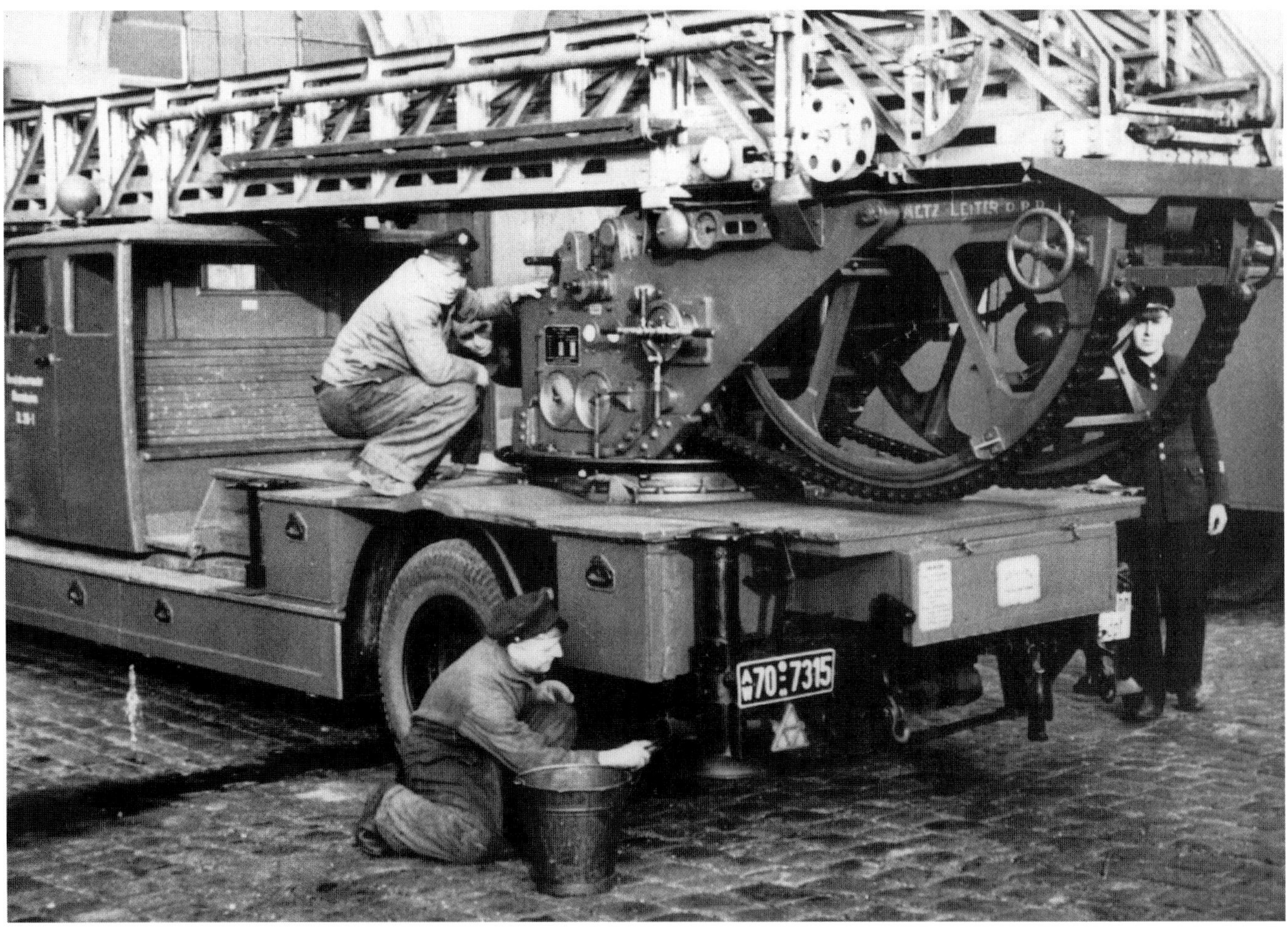

Kreisfeuerwehrtag in Rheda 1954. Die aufgefahrenen Fahrzeuge zeugen von einer ungeheuren Typenvielfalt, die die Gerätewarte wegen der Ersatzteilversorgung wohl zur Verzweiflung gebracht haben dürften. Von rechts: Büssing 4500 S als Löschfahrzeug, GMC oder Chevrolet (4×4)-Armeelastwagen als TLF mit Vorbaupumpe, Mercedes-Benz-L 3000-LF 15 (ex SLG) und Chevrolet als TLF 15 der FF Lette. Heute wären solche Fahrzeuge die absoluten Stars eines jeden Veteranentreffens! (46)

Fahrzeuge der Werkfeuerwehr Saarbergwerke in einer Aufnahme von 1956 noch mit französischer Besatzungsnummer. Von links: Klöckner-Deutz-S 3000 als LF 15, Magirus-M 30 als LF 8 (ehemals KS 15) und Mercedes-Benz Lo 3500 als Grubenrettungswagen. Das Saarland gehörte bis 1957 verwaltungsmäßig zu Frankreich. (47)

Opel-Olympia-Brandmeisterwagen der Vorkriegsserie (möglicherweise aber auch zwischen 1947 und 1949 gebaut) mit Transparent „Feuerwehr folgt" und eines der noch wenigen allradgetriebenen TLF 15 auf Magirus-Deutz A 3500 der Feuerwehr Remscheid zu Beginn der 50er Jahre. Beachtenswert ist die Elektrofahrsirene auf dem linken Kotflügel des Pkw. (48)

Oben: Das neue Flugplatzlöschfahrzeug FLF 25 (Mercedes-Benz-LAF 3500/42) des Flughafens Stuttgart-Echterdingen wird von Fachleuten begutachtet. (05)

Allradgetriebenes TLF 15 mit Metz-Aufbau (Mercedes-Benz-LAF 3500/36-Chassis) nach der Ablieferung an die FF Rothenburg o. d.Tauber in den Straßen dieser mittelalterlichen und damals vom Tourismus noch weitgehend unberührten Stadt. (05)

TLF 15 auf Magirus-Deutz-S-3500-Fahrgestell, im Mai 1953 von der BF Osnabrück in Dienst gestellt. Das Fahrzeug wurde Mitte der 60er Jahre in Eigenregie zu einem Rüstwagen umgebaut und 1975 verschrottet. Dieses Fahrzeug besitzt im Gegensatz zu dem damals bei Magirus üblichen durchgehenden, omnibusartigen Aufbau einen niedrigeren, abgesetzten Geräteaufbau mit Dachgalerie, auf dem Leitern und andere Ausrüstungsgegenstände gelagert werden konnten. (45)

Tanklöschfahrzeuge retten einen Bauernhof

An einem bitterkalten Samstagabend des Winters 1953/54 brach im Stallgebäude eines Bauerngehöfts in Glandorf bei Osnabrück ein Brand aus. Unmittelbar danach ertönte in Glandorf die Sirene zur Alarmierung der Feuerwehr und die Männer der Ortswehr waren schon nach wenigen Minuten mit ihrem Tanklöschfahrzeug zur Stelle und versuchten, das Feuer auf das betroffene Gebäude zu beschränken und das Vieh aus der Stallung herauszutreiben. Die Löscharbeiten wurden aber durch die strenge Kälte (18 °C unter Null) außerordentlich erschwert.

Da es infolge der Kälte aussichtslos erschien, das Löschwasser aus einem etwa 1,5 km weit entfernten Löschteich zu pumpen – das Wasser wäre in den Schläuchen gefroren –, forderte der Ortswehrführer kurz entschlossen sämtliche Tanklöschfahrzeuge des Bereichs zur Hilfeleistung an. In kurzen Abständen trafen alsbald die Tanklöschfahrzeuge der Wehren Rothenfelde, Hilter und Dissen ein, und zusammen mit dem Glandorfer Fahrzeug wurde im Pendelverkehr Wasser der Brandstelle zugeführt. Aber auch das ging nicht ohne Probleme ab, denn die Tragkraftspritzen, die am Löschteich zwecks Befüllung der Tanklöschfahrzeuge in Stellung gebracht worden waren, froren ein, so daß schließlich nur das Löschgruppenfahrzeug (LF 15) aus Laer, welches über eine fest eingebaute Pumpe verfügte, für diese Arbeit einsatzfähig blieb.

An der Brandstelle war nach kurzer Zeit alles mit Eis überzogen, und man war gezwungen, den Schweinekessel anzuheizen, um die Strahlrohre von Zeit zu Zeit wieder aufzutauen.

Unter Berücksichtigung der geschilderten schwierigen Umstände kann es nicht hoch genug veranschlagt werden, daß es den Feuerwehrmännern aus Glandorf, Schwege, Rothenfelde, Hilter, Dissen und Laer gelang, nicht nur das Übergreifen des Brandes auf das an das Stallgebäude angebaute Wohnhaus und die Scheune zu verhindern, sondern aus dem Brandobjekt selbst das gesamte Vieh und auch noch manches Inventar zu retten. Der gesamte Dachstuhl der Stallung war aber ein Raub der Flammen geworden.

Bei allen Beteiligten herrschte die übereinstimmende Meinung, daß ohne den Einsatz der Tanklöschfahrzeuge der gesamte Hof bis auf die Grundmauern niedergebrannt wäre.

Magirus-Deutz S 3500 als TLF 15/51 mit dem omnibusartigen Serienaufbau des TLF 15/50, im Dienst bei der FF Neu-Isenburg. (07)

Ganz oben: TLF 15 (mit offenem Pumpenstand) auf Mercedes-Benz LF 3500/36 und Metz-Aufbau, geliefert 1950 als „Tanklöschgerät des Landkreises Aschaffenburg, Standort Laufach“. (05)

Oben Mitte: Mercedes-Benz LF 3500/42 als TLF 15 in der Hessen-Ausführung, 1951 von der FF Friedberg in Dienst gestellt. Hier mit Girlandenschmuck für ein 90jähriges Feuerwehrjubiläum. (01)

Links ein Opel-Blitz 3,6 6700 A als TLF 15 mit offenem Tank und vollständiger Besatzung, aufgenommen bei der FF Gifhorn. (49)

ist es schon zu spät, denn dann hilft kein wenn und aber mehr. Nur wirksamer Brandschutz verhütet die Vernichtung wertvollen Volksgutes.

Wenn trotzdem jährlich kulturelle und volkswirtschaftlich wichtige Gebäude und Bauten mit Millionenwerten - in Bayern waren es in einem Monat allein über 3 Millionen Sachschaden - dem Feuer zum Opfer fallen, so ergibt sich daraus die Notwendigkeit der Bereitstellung moderner Feuerlöschfahrzeuge und -Geräte bei den Wehren der Städte und Gemeinden.

Das neue **Tanklöschfahrzeug TLF 15/50**

von Magirus der weltbekannten Feuerlöschgerätefabrik, in langjähriger Erfahrung entwickelt, wird in Fachkreisen als d a s Fahrzeug bezeichnet, welches nach dem neuesten Stand alle Anforderungen als zweckmäßiges Löschfahrzeug voll erfüllt.

Ausführliches Angebot
durch die
MAGIRUS-Vertretungen
oder direkt von

KLÖCKNER-HUMBOLDT-DEUTZ AG. WERK ULM

Mercedes-Benz-LF 3500/42, Baujahr 1950, als TLF 15 mit Metz-Aufbau in der abgesetzten Serienbauform im Dienst der Werkfeuerwehr Buderus, Wetzlar. Das Fahrzeug mit dem Namen „Barbara“ stand dort bis September 1987 im Einsatz. (50)

Mercedes-Benz LF 3500/42 als TLF 15/51 in der Metz-Omnibusbauform während eines Brandeinsatzes. Das Fahrzeug wurde 1952 von der FF Neuss in Dienst gestellt und ca. 1978 an die Werkfeuerwehr Herbol-Werke, Köln, verkauft und ist bei Sammlern erhalten geblieben. (51)

Noch relativ selten waren bei den Feuerwehren Anfang der 50er Jahre Tanklöschfahrzeuge der Firma Bachert, Kochendorf, die sich schon im äußeren Erscheinungsbild von den verbreiteten Metz-Bauarten unterschieden. Hier ein TLF 15 auf Mercedes-Benz-LF 3500/36 aus dem Jahre 1952. (52)

Auch die Feuerwehren der ehemaligen Sowjetischen Besatzungszone und späteren DDR waren auf Vorkriegsfahrzeuge angewiesen, da neue Feuerwehrfahrzeuge zunächst kaum zur Verfügung standen. Dieses Bild, aufgenommen bei der BF Plauen Anfang der 50er Jahre, zeigt eine DL 26 der 30er Jahre auf Magirus-M-45-L-Chassis anläßlich einer Publikumsbesichtigung. (53)

Die DDR betreibt eine eigenständige Feuerwehrfahrzeugentwicklung

In der DDR begann ab 1950 die planmäßige Umstellung der Feuerwehren auf typisierte und genormte Löschfahrzeuge auf Fahrgestellen eigener Fertigung, zunächst auf dem mittelschweren Typ Horch H 3 A, später IFA S 4000 und S 4000–1.

Im Dezember 1960 war es der Leipziger Feuerwehr (mit Ausnahme von Drehleitern, die erst ab Mitte der 60er Jahre aus der VEB-Produktion geliefert werden konnten) möglich, den größten Teil der noch vorhandenen, überalterten Fahrzeuge aus Kriegs- und Vorkriegsproduktion durch einheitliche Fahrzeuge der DDR-Feuerlöschgeräteindustrie zu ersetzen. Die Feuerwehr erhielt 12 Fahrzeuge auf S-4000-Fahrgestellen und einen Rettungswagen vom Typ Robur Granit 27.

Ende 1964 standen der Leipziger Feuerwehr folgende Fahrzeuge zur Verfügung:

- 11 LF 16 – Löschfahrzeuge,
- 3 TLF 16 – Tanklöschfahrzeuge,
- 2 TLF 15 – Tanklöschfahrzeuge,
- 2 SKW 14 – Schlauchkraftwagen,
- 2 RTGW – Rettungsgerätewagen,
- 1 GSGW – Gasschutzgerätewagen,
- 1 ADK 5 – Autodrehkran 5 t,
- 2 GW – Gerätewagen,
- 5 DL – Drehleitern,
- 3 RTW – Rettungswagen,
- 2 LKW – Lastkraftwagen,
- 3 PKW – Personenkraftwagen,
- 4 Kräder.

Dazu kamen noch 17 Anhängegeräte verschiedenster Art und acht Schlauchbote.

Mercedes-Benz-LoS 3750 der BF Rostock als LF (ex KS) 25 mit Metz-Aufbau. Da die Feuerwehren der DDR wieder der Polizei unterstellt wurden, trägt dieses Fahrzeug und auch die nachfolgende DL 26 das „VP“ = Volkspolizei-Kennzeichen. (54)

Die Firma Büssing-NAG, schon seit jeher Außenseiter als Lieferant von Feuerwehrfahrgestellen, hier mit einem LF-TS 8 (ex KS 15), Aufbau Koebe, Luckenwalde, aus dem Jahre 1938 in einer etwa 1953 entstandenen Aufnahme. Das Fahrzeug vom Typ LD 4 (Vierzylinder-65-PS-Motor) wurde von der FF Neuruppin beschafft und wechselte anschließend noch zweimal den Besitzer – seit 1964 war es in Rheinsberg stationiert –, bevor es leider verschrottet wurde. Ursprünglich war der mit Seilzugbremsen ausgerüstete Wagen nur für 45 km/h zugelassen. Durch ein nachträglich eingebautes Zusatzgetriebe konnte eine höhere Geschwindigkeit erreicht werden. Die nicht mehr zeitgemäße Bremsanlage wurde auf ein pneumatisch/hydraulisches System umgestellt. (75)

Vor allem auf die Jugend übt die Feuerwehr seit eh und je eine besondere Anziehungskraft aus. Das war im Westen nicht anders als im Osten. Hier ist ein LF 15 auf Klöckner-Deutz-S 3000 (ex SLG) der Werkfeuerwehr Chemische Werke Buna, Schkopau, entsprechend umlagert. (56)

Rüstkraftwagen 4,5 t auf Mercedes-Benz-LD 3750 mit Metz-Aufbau der Feuerwehr Dessau. Dieses Fahrzeug wurde am 1. 7. 1938 unter dem pol. Kennzeichen „Pol 18 039“ in Dienst gestellt und befand sich vermutlich bis Anfang der 60er Jahre im Einsatzdienst. (57)

Tanklöschfahrzeug TLF 15 (mit halboffenem Aufbau vom VEB-Feuerlöschgerätewerk Jöhstadt) auf Horch H 3 A (Vierzylinder-Dieselmotor mit 80 PS) der BF Plauen bei einer Übung. (53)

FLF 25-V auf Magirus-Deutz-F-Mercur-125-A-Fahrgestell, geliefert 1958 an die DDR-Luftverkehrsgesellschaft Interflug in einer Anfang der 60er Jahre entstandenen Aufnahme. Das zweite Fahrzeug ist ein allradgetriebenes TLF 15 auf IFA-G-5-Dreiachsfahrgestell, dem ein Robur-Lo 1800-Frontlenker als CO_2-Löschfahrzeug folgt. (55)

IFA S 4000-1 als LF 16-TS 8 (Aufbau VEB-Feuerwehrgerätewerk Luckenwalde, vorm. Koebe) der BF Leipzig. (55)

IFA-G-5-Dreiachser mit Allradantrieb (Sechszylinder-Diesel mit 120 PS) als TLF 15 mit Aufbau der Feuerlöschgerätefabrik Jöhstadt, im Dienst bei der BF Karl-Marx-Stadt (Chemnitz). (03)

Feuerwehrfahrzeuge der BF Karl-Marx-Stadt vor den Toren der sehenswerten Hauptfeuerwache Anfang der 70er Jahre. Es überwiegen die Haubenfahrzeuge aus DDR-Fertigung. Das 5. Fahrzeug von rechts ist bereits ein neuer Frontlenker auf IFA W 50, während als letztes Fahrzeug der Reihe ein Barkas B 1000 zu erkennen ist. (03)

DL 30, aufgebaut vom VEB Feuerlöschgerätewerk Luckenwalde auf N-7-Fahrgestell. Die beiden Wehrmänner im Vordergrund machen die gewaltigen Ausmaße des Haubenfahrgestells deutlich. (03)

Im Dezember gleichen Jahres stellte man den ersten Rettungswagen auf Barkas B 1000 in Dienst. Dieser Typ sollte bei den mitteldeutschen Feuerwehren bis in die heutige Zeit als Basisfahrgestell für leichtere Verwendungszwecke noch eine große Bedeutung spielen. Ende der 60er Jahre trat der Frontlenker-Lkw Typ IFA W 50 die Nachfolge der mittelschweren Haubenwagen an und prägte bis in die 90er Jahre die Fahrzeugbestände der DDR-Wehren.
Welche Schwierigkeiten es der DDR-Feuerwehrgeräteindustrie bereitete, eigene Drehleitern herzustellen (die traditionelle Versorgung durch westdeutsche Fabrikate von Metz und Magirus fiel nun weitgehend aus), ohne über das erforderliche Know-how zu verfügen, geht aus der folgenden Episode hervor, die die Geschichte der legendären DL 30/N 7 erzählt. In der Festschrift „125 Jahre Berufsfeuerwehr Chemnitz" wird wie folgt berichtet:
Dem VEB-Feuerlöschgerätewerk Luckenwalde (vormals Koebe) wurde 1955 die Aufgabe gestellt, die Produktion von Drehleitern aufzunehmen. Eine DL 30 wurde projektiert, ein geeignetes Fahrgestell aber fehlte. Als Lösung wurde ein Niederrahmenfahrgestell auf IFA H 6 (6,5 t Nutzlast, 120-PS-Sechszylinder-Dieselmotor) durch das VEB-Fahrzeugwerk Werdau hergestellt und als Fahrgestell N 7 am 21. September 1957 geliefert. Das Fahrerhaus der Drehleiter entstand auf Kunststoffbasis und der 30-m-Leitersatz auf offenen Stahlprofilen in Schweißtechnologie. Es war ein vollhydraulischer Antrieb vorgesehen, bei dem die drei Funktionen Aufrichten, Ausziehen und Drehen durch hydraulische Baugruppen erfolgten. Die Anwendung der Hydraulik erwies sich als Schwachstelle, da nur eine Vierstromhydraulikpumpe verwendet wurde und sich der Entwicklungsstand auf diesem Gebiet noch im Anfangsstadium befand. Ferner zeigte sich, daß die geplante Drehleiter einen zu geringen Anteil von Serienbauteilen aufwies und daher eine Fertigung in größeren Stückzahlen nicht realisiert werden konnte. Deshalb wurden die Konstruktionsarbeiten abgebrochen und die Erfahrungen bei der Entwicklung der folgenden DL-Typen verwendet.
Fahrgestell und Leitersatz wurden 1961 in die Zentralwerkstatt Borkheide überstellt und dort mit dem Turm einer Metz-DL 30 komplettiert. Zum Jahresende wurde diese DL an das Kommando Feuerwehr in Karl-Marx-Stadt (Chemnitz) für den Einsatzdienst übergeben.
Hier kam es während einer Übung im Hof der Wache zu einem Defekt am Leitersatz, in dessen Folge sich die Leiter verzog und nicht mehr einfahren ließ. Die herbeigeholten Mechaniker der Zentralwerkstatt konnten den Schaden nicht beheben. So mußte die Leiter gekippt werden, was einigermaßen kontrolliert erfolgte, so daß nur der ohnehin beschädigte Leitersatz zerstört wurde, das Fahrerhaus nur Schrammen abbekam.
Bei der nachfolgenden Reparatur in der Zentralwerkstatt wurde ein altbrauchbarer 30-m-Metz-Leiterpark eingebaut. In dieser Form war die Drehleiter bis Ende der 60er Jahre in Karl-Marx-Stadt im Einsatz. Nach Neuzuführungen von Drehleitern wurde die DL 30 überflüssig und sollte wegen Verschleißerscheinungen am Leitersatz verschrottet werden. Zur gleichen Zeit aber wurde das Fahrgestell einer DL 37 des Betriebsfeuerwehrkommandos im Kombinat Böhlen defekt. Daraufhin wurde dieser Leitersatz auf die ehemalige DL 30 gesetzt, so daß nun eine DL 37 auf N-7-Fahrgestell existierte. Das Fahrzeug wurde vom Kombinat Böhlen übernommen und blieb bis 1972 im Einsatz; es wurde nach der Außerdienststellung leider verschrottet.

Hier ist ein LF 8 auf Mercedes-Benz L 1500 verunglückt. Aufgenommen am 3.5.1954 bei Langwaden in der Nähe von Grevenbroich (01)

Schwerer Unfall einer Kraftzugspritze KzS 8 auf Alarmfahrt

Leider ereignen sich immer wieder bedauerliche Unfälle mit Feuerwehrfahrzeugen bei Übungen und vor allem im Einsatz. In Feuerwehrkreisen spricht man nicht gerne darüber, denn es besteht ständig Gefahr, daß solche Vorfälle von der überwiegend subjektiven und vor allem kaum sach- und fachkundigen Presse leider in eine falsche Richtung interpretiert werden. Nebenbei bemerkt, ist diese Art der Berichterstattung nicht nur in Feuerwehrbelangen zu beobachten. Dabei machen die ständig steigende Verkehrsdichte, aber auch gestiegene Fahrleistungen und Beschleunigungswerte der Feuerwehrfahrzeuge solche Fahrten in dem herrschenden Verkehrsgewühl schon fast zu einem Vabanquespiel – mit hohen Einsätzen – gilt es doch, die Brand- oder Unfallstelle so schnell wie möglich, aber auch so sicher wie möglich zu erreichen. Dabei darf nicht vergessen werden, daß auch dem routiniertesten Fahrzeugführer eines Einsatzfahrzeugs Fehler unterlaufen können (er ist auch nur ein Mensch) bzw. er einer Situation gegenübersteht, die einen Unfall unvermeidbar macht, wird er doch durch Unachtsamkeit, Gedankenlosigkeit, falsche Reaktionen, teilweise aber auch durch Rücksichtslosigkeit anderer Verkehrsteilnehmer mehr oder weniger stark behindert. Auf dem Fahrzeugführer lastet die Verantwortung für Mannschaft und Fahrzeug – er ist, gerade in der heutigen Zeit, um seine Aufgabe nicht zu beneiden!

In den 50er und 60er Jahren war die Situation, besonders wegen der noch nicht vorhandenen Vollmotorisierung, eine deutlich andere. Trotzdem ereigneten sich auch schon zu dieser Zeit Unfälle auf Alarmfahrten, die teilweise wieder durch andere Gründe (z. B. schlechte Straßenverhältnisse oder das noch vielfach verbreitete Kopfsteinpflaster, das besonders bei Regen seine Tücken zeigte) hervorgerufen wurden.

So forderte im Sommer 1951 ein schwerer Unfall auf der Hauptstraße von Lübeck nach Travemünde einen Toten und sieben Schwerverletzte. Die offene Kraftzugspritze mit Tragkraftspritzenanhänger (KzS 8) einer Freiwilligen Feuerwehr war an einem späten Samstagnachmittag zu einer Alarmfahrt nach der Bootswerft in Travemünde ausgerückt. Aufgrund des herrlichen Badewetters herrschte dichter Verkehr auf der Anfahrtstraße zum Seebad Travemünde. In Höhe des Pöppendorfer Bahnhofs überholte der zur vermeintlichen Brandstelle mit ca. 50–55 km/h fahrende, vollbesetzte Feuerwehrwagen einen Personenkraftwagen, der aufgrund Martinshorn und Rasselweckersignalen an den rechten Fahrbahnrand heranfuhr und die Fahrt vermindert hatte. Von hinten aber setzte ein weiteres, in gleicher Richtung fahrendes Fahrzeug zum Überholen an. Der Fahrer der Kraftzugspritze sah einen Unfall voraus, bremste daher scharf, fuhr rechts heran und ließ den rücksichtslosen Verkehrsteilnehmer passieren. Durch das starke Einschlagen des Lenkrades gerieten Mannschaftswagen und Tragkraftspritzenanhänger ins Schleudern. Der Motorwagen kam zwar noch fast zum Stehen, prallte aber mit den Vorderrädern heftig gegen die Bordsteinkante und überschlug sich. Die Mannschaft wurde dabei teilweise unter dem offenen Fahrzeug begraben oder auf das Straßenpflaster geschleudert.

Die Besatzung eines nachfolgenden Feuerwehrfahrzeugs rief sofort weitere Hilfe herbei. Mit Hilfe von Passanten gelang es, das umgestürzte Fahrzeug und den Anhänger anzuheben und die Verletzten aus ihrer mißlichen Lage zu befreien. Leider konnte der unter dem Zugfahrzeug liegende Löschgruppenführer nur noch tot geborgen werden; alle übrigen Feuerwehrleute hatten zum Teil schwere Verletzungen davongetragen und mußten schnellstens in ein Krankenhaus transportiert werden. Nur das Tragen der Stahlhelme hatte noch schwerere Verletzungen verhindert.

Zu allem Überfluß hatte sich herausgestellt, daß ein Unbekannter einen blinden Alarm ausgelöst hatte! Die besondere Art dieses Unfalls wirft aber auch ein bezeichnendes Bild auf den kaum vorhandenen Schutz für die Besatzungen bei Unfällen der zur damaligen Zeit recht häufig noch in Dienst befindlichen offenen Feuerwehrfahrzeuge. Ein gewichtiger Grund mehr, die geschlossene Bauform aller Feuerwehrfahrzeuge bei den in Arbeit befindlichen neuen Normen und Baurichtlinien – einigen wenigen Meinungen zum Trotz – als zwingend vorzuschreiben.

Mercedes-Benz-LAF 311/36 als TLF 16 mit Metz-Aufbau der BF Dortmund nach einem schweren Verkehrsunfall. (43)

Dieser Magirus-Deutz F Mercur 150 als LF 16 kam während einer Alarmfahrt aus nicht bekannten Gründen von der Fahrbahn ab und kippte auf die Seite. Aufgenommen in Dortmund in den 60er Jahren. (43)

Das Ende eines Unfall-Rettungswagens. Fotografiert wurde dieses 1960 von der BF Köln beschaffte Fahrzeug (Opel Kapitän, Bauserie 1959–63 mit Miesen-Aufbau) im Jahre 1966 nach einem Unfall, der zur Ausmusterung führte. (02)

Links oben: Fahrzeugpark der FF Hof im Jahre 1956. Auch hier überwiegen die Vorkriegsfahrzeuge bei weitem. Im Vordergrund ein BMW-321-Brandmeisterwagen. (14)

Links Mitte: 75jähriges Jubiläum der Hofer Feuerwehr im gleichen Jahr. Im Bild ein Mercedes-Benz-LF 3500/42 als DL 25 mit Metz-Aufbau. (14)

Links unten rückt ein Magirus-FS 145 als LF 25 an zur Übung auf dem Marktplatz. (14)

Oben die beiden Hofer Drehleitern bei der Übung. Im Vordergrund die DL 25 von Metz, dahinter die Benz-Gaggenau 3 CND als DL 26 aus dem Jahre 1928. (14)

Rechts oben die Benz-Gaggenau 3 CN-Automobilspritze (Baujahr 1922). Im Vordergrund eine Benzinmotorspritze. (14)

Rechts Mitte und unten: Schauübung auf dem Marktplatz. Vorn ein allradgetriebenes TLF 15 mit Metz-Aufbau. Auf der daneben stehenden Abbildung ist das TLF mit dem Ablöschen eines Vorkriegs-DKW beschäftigt. (beide 14)

1185 MF 5703

Sekunden retten Menschenleben

Schnelligkeit und Schlagkraft sind die entscheidenden Vorzüge der Mercedes-Benz-Metz Löschfahrzeuge FLF 25 und PLF 1500. Mit höchster Geschwindigkeit fahren sie zum Brandort – ob querfeldein oder auf der Straße, und blitzschnell sind sie einsatzbereit. So werden wertvolle Sekunden zur Rettung von Menschenleben und Gütern gewonnen.

Das FLF 25, mit 115-PS-Dieselmotor, besitzt Schnellangriffseinrichtungen für Wasser, Schaum und Trockenpulver. Löschmittelvorrat: 2000 ltr. Wasser, 200 ltr. Schaummittel und 250 kg Trockenpulver.

Das PLF 1500, speziell zum Löschen von Treibstoffbränden ausgerüstet, führt 1500 kg Trockenpulver mit, von dem bis zu 400 kg pro Pistole und Minute auf den Brandherd gespritzt werden können.

Mercedes-Benz-Metz Feuerlöschfahrzeuge gibt es in vielen verschiedenen Ausführungen für alle Aufgaben neuzeitlicher Brandbekämpfung. Bitte lassen Sie sich von unseren Fachleuten im Werk Gaggenau unverbindlich beraten!

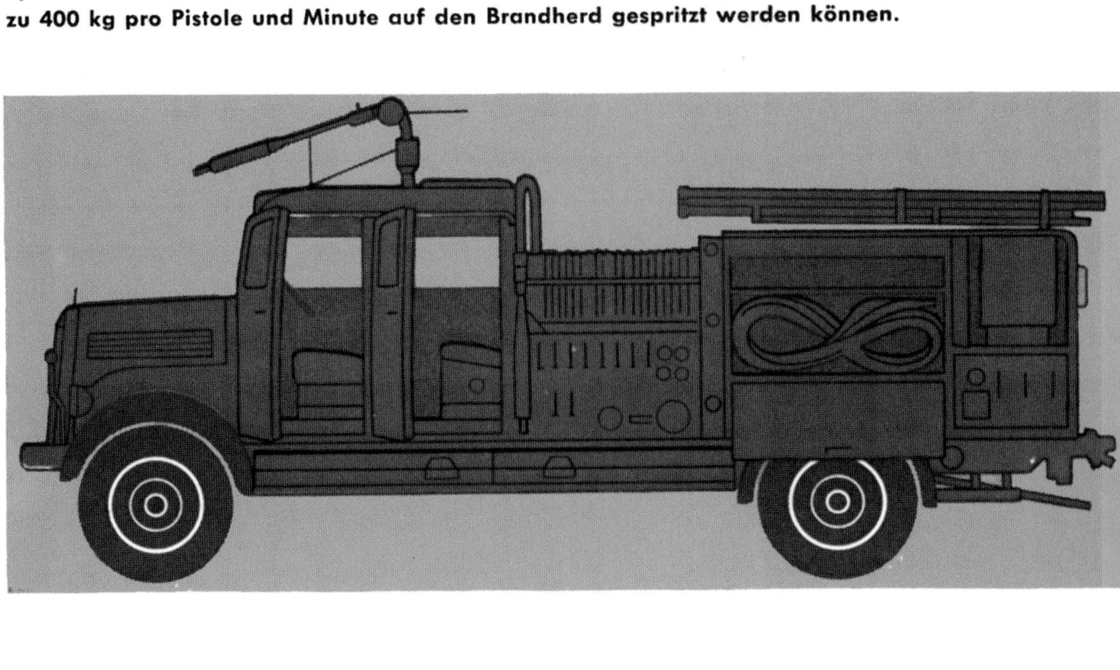

MERCEDES-BENZ-METZ

Zerknall von Speicherbehältern einer Gastankstelle im Düsseldorfer Ortsteil Flingern am 5. Oktober 1957

In der Gastankstelle Kettwiger Straße, Ecke Höherweg, kam es um 10.10 Uhr zum Zerknall von vier Speicherbehältern mit hochverdichtetem Leuchtgas.
Die Druckgasflaschen in den Ausmaßen von nahezu 8 m Länge und fast 50 cm Durchmesser gehörten zu einer stationären Batterie von sechs Flaschen, die sich, nur mit einem Sonnenschutzdach aus Wellblech versehen, ansonsten frei zugänglich, im Hof der Tankstellenanlage und 5 m von den Gebäuden entfernt befand.
Die gewaltige Druckwelle hatte erhebliche Auswirkungen im Umkreis von mehreren hundert Metern und war in einer Entfernung von 2000 m noch spürbar. Trotz der dichtbebauten Umgebung und des am Unfallort vorbeifließenden starken Fahr- und Fußgängerverkehrs auf der Kettwiger Straße blieben die Personenschäden glücklicherweise in niedrigsten Grenzen. Zwar erlitten 25 Personen leichte und vier mittelschwere Verletzungen, aber es gab keine Toten. Hauptsächlich waren es Glassplitterverletzungen und Prellungen, die durch herumfliegende Bauteile, herausgerissene Fenster und Türen, Zargen und umgeworfenes Mobiliar verursacht wurden. Die Stahlsplitter der zertrümmerten Speicherbehälter verursachten keine Personenschäden; ein etwa ein Zentner schwerer Wandungsteil wurde etwa 355 m von der Unfallstelle entfernt, in der Hubbelrather Straße, aufgefunden.
Die Ziegeldächer der umliegenden Wohnhäuser waren fast völlig, das Dach der St.-Vinzenz-Kirche zur Hälfte abgedeckt. Im Ganzen wurden rund 500 Wohnungen zumindest von Glasschäden betroffen. Im benachbarten städt. Elektrizitätswerk waren an einer Freiluftumspannanlage und der abgehenden Hochspannungsleitung Drähte und Isolatorengehänge abgerissen. Der durch diese betrieblichen Schäden entstandene Stromausfall hatte im ganzen Stadtgebiet Störungen zur Folge, die jedoch verhältnismäßig schnell behoben werden konnten. Durch umstürzende hölzerne Trennwände wurde auch ein benachbartes Schwimmbad in Mitleidenschaft gezogen. Aber auch hier ging alles, bis auf einige leichtere Verletzungen, glimpflich ab.
Den Augenzeugen bot sich schon von weitem ein Bild der Verwüstung, wie es vielen noch aus der Kriegszeit in Erinnerung war. Ein Feuerwerker der Landesregierung verglich die Auswirkungen mit denen einer Luftmine (Wohnblockknacker). Der Sachschaden wurde auf insgesamt fast drei Millionen DM geschätzt.
In der Nachrichtenzentrale der Feuerwehr ging die erste Meldung um 10.13 Uhr über Feuermelder ein. Es rückten drei Löschzüge mit einem zusätzlichen Schlauchkraftwagen und einem Atemschutzgerätewagen sowie alle zu dieser Zeit verfügbaren Krankenwagen – dies waren sieben Fahrzeuge – aus. Ein Rüstwagen und ein CO_2-Anhänger trafen später an der Unfallstelle ein. Bei Ankunft am Einsatzort galt die erste Tätigkeit der Versorgung der Verletzten. Da überraschenderweise keine Personen aus Trümmern zu bergen waren und auch keine schweren Verletzungen vorlagen, konnte die Bekämpfung des Brandes an der Tankstelle sogleich eingeleitet werden. Mit den verfügbaren Krankenwagen wurden, zum Teil im Pendelverkehr, insgesamt 20 Verletzte in Krankenhäuser gebracht.
Zum Ablöschen des Brandes wurden ein B-Rohr, sieben C-Rohre und ein Schaumstrahlrohr eingesetzt.
Die Tankstelle bot, vom Hof her gesehen, ein Bild der Verwüstung. Der an den Hofraum angrenzende Gebäudeteil war zusammengestürzt, und unter dem Schutt brannte ein heftiges Feuer. Des weiteren befanden sich im Hof – und damit der Hitzewirkung ausgesetzt – in großer Zahl Treibgasflaschen, gefüllt mit einem Propan/Butan-Gemisch, aus dem Geschäft des Tankstellenpächters. Da nicht bekannt war, ob die beiden nicht zerknallten und verschütteten Speicherbehälter noch unter hohem Fülldruck standen, wurde sofort mit dem Kühlen der Behälter begonnen.

Ablöscharbeiten an der zerstörten Gastankstelle Kettwiger Straße in Düsseldorf. Im Vordergrund einer der deformierten 8 m langen Speicherbehälter. (04)

Die Unfallstelle vom Höher Weg aus gesehen, nachdem der Brand unter Kontrolle war. Vorn ein allradgetriebener Magirus-Deutz F Mercur 125 A als TLF 16 und links davon ein LF 25 auf Klöckner-Deutz-S-4500-Chassis. Im Hintergrund sind weitere Feuerwehrfahrzeuge (u. a. Rundhauber-DL-30) zu erkennen. (04)

Ferner stellte sich heraus, daß das Feuer aus der zerborstenen Gasleitung genährt wurde. Dieser Gefahrenpunkt wurde nach Abschiebern der Leitung schnell unter Kontrolle gebracht. Die beiden Speicherbehälter wurden mittels Spillwinde unter den Trümmern hervorgezogen und abseits gelagert. Anschließend wurden die überall herumliegenden Treibgasflaschen geborgen. Die drei Löschzüge konnten um 12.34 Uhr, 14.00 Uhr und 14.10 Uhr wieder abrücken.

Da die Anlage durch den Zerknall weitgehend zerstört worden war, konnte die Frage nach der Ursache des Unglücks nicht eindeutig geklärt werden. Es könnten Korrosionserscheinungen vorgelegen haben, obwohl solche an den Innenseiten der Behältertrümmer nicht erkennbar waren. Aber auch eine Ermüdung des Materials der Behälter oder eine Wärmeeinwirkung von außen kann neben anderen unbekannten Faktoren bei dem Zerknall eine Rolle gespielt haben.

Wehrmänner der Düsseldorfer BF bergen Propangasflaschen. (04)

Am frühen Morgen des 22. 8. 1957 stürzte ein VW 1200 in der Nähe von Freudenberg (Landkreis Amberg) bei einem Wendemanöver etwa 4 Meter in ein gemauertes Bachbett und kam nach dem Absturz auf die Seite zu liegen. Fahrer und Beifahrer konnten sich selbst befreien, wobei letzterer einen Armbruch davongetragen hatte. Der Rüstwagen der FF Amberg, ein Mercedes-Benz L 4500 mit Metz-Nachkriegsaufbau, brachte schnell Hilfe. Mittels über dem Bachbett aufgestelltem Dreibaum (3 t Tragkraft) wurde der Unfallwagen zunächst wieder auf die Räder gestellt und dann mit dem Flaschenzug hochgehievt. Auf der Schrägböschung wurde der Pkw mit dem Heck zur Straße gedreht und mit dem 1,5-t-Greifzug des Rüstwagens auf die Straße gezogen. (alle 01)

Fahrzeugbestand der FF Starnberg zu Beginn der 50er Jahre. Vorn eine ehemalige Tankspritze Ts 08/TLF 8/41 auf 1,5-t-Opel-Blitz-Fahrgestell, Baujahr 1941, die mit einem Dachaufbau versehen wurde. Daneben Magirus-M 30 als LF 15 und Opel-Blitz-3-t-Fliegerkraftfahrspritze 15 (FlKs 15). Der Opel-Blitz-1,5-Tonner wurde später zu einem Lkw umgebaut und existiert heute noch. (58)

Löschzug der BF Mülheim/Ruhr Anfang der 60er Jahre. Die DL 32 ganz links auf Klöckner-Deutz S 4500 stammt noch aus dem Zweiten Weltkrieg. Daneben LF 15 und TLF 16 mit Metz-Aufbauten, beide auf Mercedes-Benz LF 3500 bzw. 311 und Mercedes-Benz-Typ 170 S-Brandmeisterwagen. (34)

Die Berufsfeuerwehr Mannheim gehörte zu den ersten Wehren, die ihren Fahrzeugpark schon sehr früh auf Frontlenkermodelle umstellte. Hier ein solcher Löschzug mit Metz-DL (hydraulischer Leiterantrieb und Truppkabine) sowie LF und TLF 16, beide mit Bachert-Aufbau. (06)

Sofort am Brandplatz

MAGIRUS

... dadurch konnte größerer Schaden verhütet werden. Welche Wehr möchte nicht jeden Einsatzbericht nach einem Brand so abfassen können? Mit dem steten Ausbau unserer Städte und Siedlungen werden auch die Aufgaben der Feuerwehren immer größer. Nur mit modernstem Gerät können sie den heutigen Anforderungen gerecht werden. Magirus trägt dieser Entwicklung beim Bau seiner Fahrzeuge Rechnung.

MAGIRUS Kraftfahrdrehleitern haben durch das neue, gewichtsparende Leiterprofil (DBP), ein größeres Benutzungsfeld. Ein Vorteil, der bei schwierig anzuleiternden Objekten von ausschlaggebender Bedeutung sein kann.

MAGIRUS Löschfahrzeuge ermöglichen durch ihren großen Wassertank — zusammen mit der Schnellangriffseinrichtung — die Aufnahme des Löschangriffes in Sekunden.

Alle MAGIRUS Feuerwehrfahrzeuge sind mit dem, gegen Hitze und Kälte unempfindlichen, luftgekühlten DEUTZ Dieselmotor von 125 bzw. 170 PS ausgerüstet. Diese hohen Motorleistungen geben den MAGIRUS Fahrzeugen in den entscheidenden Augenblicken eine überragende Kraftreserve.

KLÖCKNER-HUMBOLDT-DEUTZ AG · WERK ULM

Die BF Hamburg beschaffte zu Beginn der 60er Jahre eine große Anzahl von Feuerwehrfahrzeugen auf Frontlenker-(Pullman)-Fahrgestellen mit Bachert-Aufbauten. Hier sind einige dieser Fahrzeuge abgebildet. (11)

Löschzug der FF Neuss vor der Hauptwache, aufgenommen ca. 1956. Von links: TLF 15 mit Metz-Aufbau in Omnibusbauform (Mercedes-Benz LF 3500/42), DL 26 auf Mercedes-Benz LoD 3750 von ca. 1940 und TLF 15 von Metz auf Mercedes-Benz LAF 3500/36-Fahrgestell. (51)

Fahrzeuge der FF Lüneburg Mitte der 60er Jahre. Links ist bereits ein Magirus-Deutz-Eckhauber als TLF 16 zu erkennen. (59)

Krankenhaus Hagen-Haspe in Flammen

Im Heilig-Geist-Krankenhaus in Hagen-Haspe brach am Samstagabend des 17. Juni 1961 kurz nach 21.00 Uhr infolge Brandstiftung ein Feuer aus. Passanten sahen aus dem Dach des Kapellenflügels des katholischen Hospitals schwarze Rauchwolken aufsteigen. Über Notruf wurde um 21.09 Uhr die örtliche Berufsfeuerwehr von dem Dachstuhlbrand in Kenntnis gesetzt. Dann überstürzten sich die Hilferufe in der Nachrichtenzentrale der Hagener Hauptfeuerwache förmlich. Angesichts dieser Lage wurde Großalarm (Stufe II) gegeben. Beide Wachen rückten aus; für den ersten Einsatz standen zwei TLF 16, ein LF 25, ein LF 16, eine DL 30 und eine DL 26 zur Verfügung. Der Leiter der Hagener Feuerwehr war sofort zur Brandstelle geeilt und übernahm dort die Einsatzleitung. Da das Ausmaß des Brandes noch nicht abzuschätzen war, ordnete er die Alarmierung der dienstfreien Kräfte der Berufsfeuerwehr und der Freiwilligen Feuerwehr an.

Bei Eintreffen der ersten Fahrzeuge der Feuerwehr an der Brandstelle stand bereits der Dachstuhl des Krankenhauses in einer Ausdehnung von 40 m in hellen Flammen. Der Feuerschein der lodernden Flammen war in der Dunkelheit kilometerweit sichtbar. Leider konnten die zum Brandort führenden Zufahrtsstraßen nicht schnell genug abgeriegelt werden, so daß Hunderte von Fahrzeugen der aus allen Richtungen herbeiströmenden neugierigen Gaffer die Nebenstraßen teilweise blockierten.

Die erste Sorge von Krankenhauspersonal und Feuerwehr galt den insgesamt 195 Kranken und Hilflosen, die teilweise noch ahnungslos in ihren Betten lagen. Da sich der Brand mit einer rasenden Geschwindigkeit ausbreitete, wurde zunächst befürchtet, daß das Hospital bis auf die Grundmauern niederbrennen könnte. Angesichts dieser Befürchtungen setzte – noch vor dem Eintreffen der Feuerwehr – eine beispiellose Hilfs- und Rettungsaktion ein, die schließlich Hunderte von freiwilligen Helfern umfaßte und von Polizei und Feuerwehr geleitet wurde.

Die eilig heraustransportierten Kranken wurden entweder in schnell behelfsmäßig eingerichteten Schulen und Sälen, in umliegenden Privatwohnungen oder in anderen Hagener Krankenhäusern untergebracht. Alle verfügbaren Krankenwagen befanden sich im Einsatz, aber auch Taxidienste und private Autobesitzer stellten ihre Fahrzeuge zur Verfügung, um Schwerkranke schnellstmöglichst aus der Gefahrenzone transportieren zu können. So gelang es innerhalb kurzer Zeit, sämtliche Patienten ohne jeglichen Personenschaden in Sicherheit zu bringen.

Darüber hinaus wurden – besonders aus den unteren Etagen – viele Geräte und Mobiliar ins Freie getragen, was, im nachhinein gesehen, teilweise gar nicht nötig gewesen wäre.

Gleichzeitig aber wurde mit der energischen Bekämpfung des Brandes begonnen. Infolge der baulichen Beschaffenheit des Brandobjekts konnte der Innenangriff nur durch das an der Vorderfront des Gebäudes liegende Haupttreppenhaus mit zwei B- und vier C-Rohren des Magirus-LF 25 und mit einem B- und zwei C-Rohren des TLF 16 eingeleitet werden. Die beiden mechanischen Drehleitern wurden vom Hof des Hospitals am Kapellenflügel, der sich als der Hauptbrandherd herausgestellt hatte, mit jeweils einem C-Rohr zur Unterstützung eingesetzt. Das zweite TLF 16 führte mit drei weiteren Rohren ebenfalls einen Innenangriff aus. Angehörige der mittlerweile eingetroffenen Freiwilligen Feuerwehr richteten drei C-Rohre von außen gegen das Gebäude. Da die Stadtwerke Hagen den Wasserdruck an den in Frage kommenden Hydranten kurzfristig erhöht hatten, war die Entnahme dieser großen Wassermengen auch ohne Zwischenschalten von Pumpen möglich.

Ein Bild der Verwüstung und des Grauens zeigt der Blick in ein zerstörtes Krankenzimmer des Dachgeschosses des Hagener Krankenhauses. (60)

Die vielfältigen Schwierigkeiten, denen sich die Wehrmänner bei der nun folgenden Brandbekämpfung gegenübersahen, waren vor allem durch die Beschaffenheit des bereits 60 Jahre alten Krankenhauses begründet. Das voll ausgebaute und vom Personal bewohnte Dachgeschoß bestand vollständig aus Holz; eine Einteilung in Brandabschnitte war nicht vorhanden. Neben dem vielen Holz der Baukonstruktion boten die Einrichtungen der Räume, eingelagerte Vorräte und viele abgestellte Gegenstände aus brennbaren Materialien dem Feuer reichlich Nahrung.

So konnte nur das Haupttreppenhaus zur Bergung der Patienten und des Mobiliars benutzt werden, durch das gleichzeitig der Löschangriff der Feuerwehr vorgetragen werden mußte.

Das Heilig-Geist-Hospital in Hagen-Haspe am Morgen nach dem Brand. Dem entschlossenen Eingreifen der Hagener Feuerwehren war es zu verdanken, daß nur der Dachstuhl von den Flammen zerstört wurde. Vor dem Haupteingang des Gebäudes, durch den der Löschangriff vorgetragen wurde, ein Magirus-FS 145 als LF 25, das für evtl. Nachlöscharbeiten bereitsteht. (60)

Trotz dieser Behinderungen gelang es in verhältnismäßig kurzer Zeit, den Brand unter Kontrolle zu bringen. Er konnte auch im wesentlichen auf die Ausdehnung beschränkt werden, die er bei Eintreffen der Feuerwehr hatte. Nach etwa zwei Stunden war das Feuer gelöscht. Bei der Brandbekämpfung selbst erlitten einige Wehrmänner leichtere Verletzungen. Am folgenden Tage aber stürzten zwei Kameraden bei Nachlösch- und Aufräumungsarbeiten aus einer Höhe von ca. 8 m in die Tiefe. Sie mußten mit Knochenbrüchen in ein Krankenhaus gebracht werden. Der Gesamtschaden bewegte sich auf einer Höhe von etwa 700 000,– DM.

Eingesetzt waren über 120 Wehrmänner. Darüber hinaus waren 25 Mann vom Technischen Hilfsdienst und einer Werkfeuerwehr sowie viele freiwillige Helfer aus der Bevölkerung an den Lösch- und Rettungsarbeiten beteiligt.

Drehleitereinsatz der FF Düren beim Brand auf einem Bauernhof in Oberzier am 17. 8. 1971. Im Bild eine DL 25 von Metz auf Mercedes-Benz LF 3500/42 von 1954. Die beiden Schnappschüsse geben die ganze Dramatik des Geschehens wieder. (beide 36)

Oben eine Kraftfahrdrehleiter von Magirus am 11. 8. 1960 im Einsatz als Schlauchbrücke über eine Landstraße. Die Mitte der 20er Jahre gebaute Leiter stand damals noch bei der BF Heilbronn für Reservezwecke im Dienst. (62)

Links: Einsatzübung der BF Fürth Anfang der 60er Jahre. Links eine Metz DL 30 auf Mercedes-Benz LF 325/46 von 1955. Am gegenüberliegenden Bildrand ein LF 16 auf Mercedes-Benz. (63)

Links ein Magirus-Deutz-Eckhauber als LF 16 der BF Köln vor einer in voller Ausdehnung brennenden Baracke. (02)

Rechte Seite:
TLF 16 auf Magirus-Deutz-Rundhauber-Fahrgestell der BF Duisburg beim Brand eines Bankgebäudes. (64)

DEUTSCHE BANK
DU-218

Fahrzeuge der FF Oelde im Jahre 1968. Ganz rechts ein relativ seltenes TLF 15 von Metz in Omnibusbauform mit Allradantrieb, das bis heute erhalten geblieben ist und von einem engagierten Wehrmann betreut wird. Die Fahrzeuge der Kriegsjahrgänge sind bereits ausgemustert. (23)

Stolz läßt sich der Fahrer des neuen Magirus-Deutz-Mercur 150-LF 16 zu einem Erinnerungsfoto auf die Platte bannen. Aufgenommen in Dortmund Anfang der 60er Jahre. (43)

Ein Teil der beeindruckenden Eckhauberflotte der Dortmunder Berufsfeuerwehr. (43)

Einsatzgeschehen bei der BF Köln: Einsturz bei Ausschachtungsarbeiten im Bereich Gleueler Str./Decksteiner Str. am 7. 12. 1956, bei dem zwei Verletzte zu beklagen waren. Beachtenswert der leichte Streifenkraftwagen der Polizei auf Ford Taunus 15 M am linken Bildrand. Hinter dem Opel Olympia der Kölner Feuerwehr ist der Magirus-Pionierwagen zur Hilfeleistung erschienen. (02)

Straße in einem Kölner Vorort nach einem Wasserrohrbruch im Jahre 1957. Während die Besatzung des Rundhauber-TLF-15 die Saugleitung auslegt, passiert ein Mercedes-Benz-L-3500-Lkw in mäßiger Fahrt den Ort des Geschehens. (02)

Die Kölner Altstadt wird fast jährlich vom Hochwasser des Rheins heimgesucht. Hier ein Magirus-Deutz TLF 16 (Rundhauber) bei der Hilfeleistung im Jahre 1970. (02)

Feuer in Wohnung und Ladengeschäft in der Hamburger Marktstr. 39 am 5. 4. 1966. Neben verschiedenen Frontlenker-Feuerwehrfahrzeugen in der Bildmitte ein TLF 16 mit Bachert-Aufbau auf Mercedes-Benz-LF 311/42. (11)

Durch das Umstürzen einer Dampframme wurde eine Person verletzt. Die Hamburger Feuerwehr ist mit einem Löschzug zur Hilfeleistung angerückt. Im Vordergrund ein Magirus-Deutz-Rundhauber-TLF-16. Aufgenommen 1966. (11)

Großbrand in einem Hamburger Industriebetrieb im Jahre 1967. Im Bild der auf Mercedes-Benz-Frontlenker aufgebaute Gerätewagen mit Anhänger, dessen Erscheinen bei solcherlei Großeinsätzen erforderlich war. (11)

Gesamtansicht des Katastrophenortes in Nürnberg. Dichte Qualmwolken verdunkeln Himmel und Brandobjekt. (65)

Brand des Ringkaufhauses in Nürnberg

Am späten Vormittag des 17. Januar 1962 brach im Papierkeller (ein nicht mehr benutztes Treppenhaus diente darüber hinaus als Altpapierlager) des seit einigen Monaten als Lagerhaus von der Firma Kaufhof AG genutzten ehemaligen Nürnberger Kaufhauses am Ring, Frauentorgraben 61–63, ein Brand aus, der schätzungsweise erst mehr als eine Stunde nach dessen Entstehung durch austretende Rauchschwaden von Straßenpassanten entdeckt wurde und um 11.43 Uhr über Telefonleitung der Hauptwache der Nürnberger Berufsfeuerwehr gemeldet wurde.

Bei Ausbruch des Brandes hielten sich 53 Angestellte im Ringkaufhausgebäude auf.

Eigenartigerweise erreichte aus dem vom Brand betroffenen Gebäude kein Hilferuf die Feuerwehr; wie später festgestellt wurde, hatte man – unter Verkennung der Lage – mit völlig unzulänglichen Mitteln versucht, den Brandherd unter Kontrolle zu bringen. Kopflosigkeit hatte einen Notruf so lange verhindert, bis die offen verlegte Telefonleitung durch das Feuer zerstört und nun eine Verbindung nach außen nicht mehr möglich war.

Die Nachrichtenzentrale der Hauptfeuerwache gab die Meldung unverzüglich an die Wachen Mitte und Ost weiter, und bereits 29 Sekunden nach Eingang der Meldung verließ der Löschzug I (LF 16, TLF 16, DL 30) mit voller Besatzung die Hauptfeuerwache (Wache West). Der Löschzug III der Wache Mitte (LF 16 und DL 30) traf bereits vier Minuten nach Alarmierung als erster an der Brandstelle ein, denn er hatte die kürzere Fahrtstrecke zurückzulegen.

Schon während der Anfahrt zur Brandstelle hatte der Einsatzleiter von seinem Funkwagen aus unter dem Hinweis „Menschen in Gefahr" Großalarm ausgelöst. Zu diesem Zeitpunkt hatte das Feuer das Innere des mehrstöckigen Gebäudes in voller Ausdehnung erfaßt; dichter Rauch und Flammen traten aus den Fensteröffnungen heraus.

Während der Löschzug I um 11.48 Uhr, also fünf Minuten nach Alarmauslösung, zur Stelle war, traf der Löschzug IV der Wache Ost (LF 16, TLF 16, DL 30) zwei Minuten später am Katastrophenort ein. Mehrere Einsatzleitfahrzeuge und ein Schlauchwagen erreichten kurze Zeit später den Einsatzort. Zwei weitere Tanklöschfahrzeuge und zwei Drehleitern (DL 26 und DL 30) der Berufsfeuerwehr Fürth wurden später angefordert und beteiligten sich ebenfalls an der Brandbekämpfung. Dem Führer des zuerst eingetroffenen Löschzuges III bot sich am Brandort ein geradezu hoffnungsloses Bild! Das Gebäude war in Rauch und Flammen gehüllt, und drei Menschen, die sich aus dem 3. Obergeschoß in To-

Oben links: Blick auf die Ecke Straßenfront/Ostseite des Objekts. An dieser Stelle wurde das Sprungtuch in aller Eile ausgebreitet, durch das noch mehrere Personen in allerletzter Sekunde gerettet werden konnten. (65)

Oben rechts: Drehleitereinsatz an der Ostseite des brennenden Ringkaufhauses. (65)

desangst panikartig aus den Fenstern gestürzt hatten, lagen mit zerschmetterten Gliedern tot auf dem Gehsteig.
Als schnellstmögliche Maßnahme zur Menschenrettung konnte er nur noch die Ausbreitung des Sprungtuchs anordnen, denn zum Instellungbringen einer Drehleiter blieb zunächst keine Zeit. Es ging hier buchstäblich um Sekunden! Später wurde diese entschlossene Handlungsweise von „Besserwissern" sehr kritisiert. Die Nürnberger Berufsfeuerwehr geriet ungerechtfertigterweise ins Kreuzfeuer der Kritik, wurde aber nach Abschluß der Untersuchungen voll rehabilitiert.
Während der nächsten 2–3 Minuten gelang es auf diese Weise, immerhin noch drei Personen zu retten, von denen leider ein Mann seinen schweren Verletzungen später im Krankenhaus erlag, die er sich in der Hektik der Situation beim Sprung in das noch nicht wieder ord-

Dieses Bild verdeutlicht die großen Schwierigkeiten, mit Drehleitern an dem in Rauch und Flammen gehüllten Brandobjekt zu manövrieren. (65)

Blick auf die Westseite des Gebäudes. Dichter Rauch quillt aus den Fensteröffnungen der Seitenfassade. (65)

nungsgemäß ausgebreitete und gespannte Sprungtuch zugezogen hatte. Zwei weitere Personen verfehlten das Sprungtuch leider ganz knapp, da sie durch die Flammen und die ungewöhnlich starke Rauchentwicklung erheblich behindert wurden und schlugen auf einen Stahlquerträger einer Pergola auf. Sie waren auf der Stelle tot. Nach eiligem Stellungswechsel in den Hof des Gebäudes gelang es noch, einen weiteren Mann dem sicheren Tode zu entreißen, bevor um 11.51 Uhr diese Aktion zur Menschenrettung eingestellt werden mußte, denn die Flammen hatten nun die gesamte Gebäudefront erfaßt, und weitere in Notlage befindliche Personen wurden nicht gesichtet.

Noch während des Sprungtuchmanövers wurde die erste Drehleiter an der Vorderfront des Kaufhauses ausgefahren; allerdings gelang es nicht mehr, über Leitern in das brennende Gebäude einzudringen. Der dichte Qualm war so stark, daß den Wehrmännern die Sicht genommen wurde und sie sich kein Bild darüber machen konnten, ob sich in den Obergeschossen noch Menschen befanden, denen man hätte Hilfe bringen können. Durch einige ineinandergreifende negative Umstände, die vor allem baulich bedingt waren – im Innentreppenraum entstand ein außergewöhnlich großer Sog, der wie ein Feuersturm wirkte – hatte sich der Entstehungsbrand in weniger als 10 Minuten durch alle Etagen bis zum obersten Stockwerk ausbreiten können. Das Feuer fand in dem leicht brennbaren Lagergut (z. T. Feuerzeugben-

Feuerwehrfahrzeuge im Löscheinsatz. Im Vordergrund ein Schlauchwagen mit Metz-Aufbau auf MAN-Kurzhauber-Fahrgestell. (65)

Massierter Löscheinsatz. Die Feuerwehrfahrzeuge haben an allen zugänglichen Stellen des brennenden Gebäudes Stellung bezogen und gehen konzentrisch gegen den Brand vor. Auch die Fürther Feuerwehr beteiligt sich mit einer DL 26 auf Mercedes-Benz-LoD 3500 (im oberen Bild) an der Brandbekämpfung. (beide 65)

Das blieb übrig: verkohlte Reste von Regalen und Waren. Wie beschrieben, waren hier z. T. leicht brennbare Gegenstände gelagert worden. (65)

zin und Spraydosen) reiche Nahrung, was die fast explosionsartig schnelle Ausbreitung des Brandes außerordentlich begünstigte.
Nachdem das Kapitel „Menschenrettung" leider eingestellt werden mußte, gingen die Löschmannschaften zum Innenangriff über, der schließlich – nachdem die Kräfte durch die Berufsfeuerwehr Fürth verstärkt worden waren – mit insgesamt 2 B- und 22 C-Rohren vorgenommen wurde. Durch die beiden Treppenhäuser erkämpften sich die Löschtrupps mit sechs bzw. vier C-Leitungen den Zugang zum Erdgeschoß und dann von Stockwerk zu Stockwerk nach oben durch das in voller Ausdehnung brennende Gebäude. Zuvor aber mußte sich die Feuerwehr durch Aufbrechen der durch Rollgitter bzw. Eisentür gesicherten Treppenhäuser (teilweise unter Einsatz eines Schneidbrenners) erst den Zugang zum Inneren des Gebäudes verschaffen.
Die fünf vorhandenen Drehleitern unterstützten den Innenangriff mit jeweils einem C-Rohr von den Leitern aus. Sie waren an verschiedenen Stellen des Gebäudes in Stellung gegangen. Weitere C-Leitungen wurden mittels tragbarer Anstelleitern zum Einsatz gebracht.
Trotz der gewaltigen auf das Brandobjekt geschleuderten Wassermassen dauerte es noch mehr als drei Stunden, bis der Brand unter Kontrolle war. Noch um 16 Uhr schlugen helle Flammen aus dem Dachgeschoß. Bis gegen 18 Uhr dauerten die Nachlöscharbeiten, und erst nach 19 Uhr konnte mit der Suche nach möglichen weiteren Opfern in dem immer noch schwelenden, ausgebrannten Gebäude begonnen werden. Leider fand man an unterschiedlichen Plätzen die verkohlten Überreste von 15 Menschen. Zusammen mit den sieben beim Sprung aus dem Gebäude tödlich verunglückten Personen hatte diese Brandkatastrophe das Opfer von insgesamt 22 Betriebsangehörigen gefordert. Verletzt wurden weitere 16 Personen und 11 Feuerwehrmänner, vorwiegend durch Rauchvergiftung.
Noch bis zum 19. Januar 1962 um 17 Uhr mußte eine Brandwache gestellt werden.
Der Feuerwehr, die schnell und umsichtig reagiert hatte und mit vollem Einsatz den Großbrand schließlich niederkämpfen konnte, war es nicht vergönnt gewesen, die Verluste zu verhindern. Ihr Wille, den Menschen Hilfe zu bringen, scheiterte an dem gewaltigen Ausmaß des Feuers, das der Brand bei ihrem Eintreffen schon angenommen hatte. Der entscheidende Grund für die große Zahl der Opfer war die viel zu späte Alarmierung der Feuerwehr, so daß diese den Brandort erst erreichen konnte, als den vom Tode bedrohten Menschen praktisch schon keine Hilfe mehr gebracht werden konnte. Der entstandene Sachschaden war ebenfalls gewaltig. Auch er hätte sich bei frühzeitiger Alarmierung sicherlich in Grenzen gehalten. Ursache dieser Katastrophe war eine nicht richtig abgelöschte Zigarettenkippe, die sich entweder in einem Papierkorb befand oder möglicherweise von einem Betriebsangehörigen, der an der Papierpresse im Keller verbotenerweise rauchte, am Boden nicht richtig ausgetreten wurde und somit einen Schwelbrand verursachte.

Tanklagerbrand in Hamburg. Eine Metz-DL 30 auf Mercedes-Benz-Frontlenker der Hamburger Feuerwehr benutzt das an der Leiterspitze angebrachte Wenderohr zur Brandbekämpfung, welches mit Leinen vom Boden aus gesteuert wird. (11)

Eine seltene Einsatzaufnahme der 1951 von der BF Koblenz beschafften DL 26 auf Magirus-Deutz S 6000 (Sechszylinder-125-PS-Diesel mit Luftkühlung) während eines Brandes in den 70er Jahren. (01)

Magirus-Rund- und Eckhauber der BF Dortmund befinden sich auf diesem Bild im Einsatz bei einem Wohngebäudebrand in der Innenstadt. Aufgenommen ca. Ende der 60er Jahre. (43)

Löscheinsatz der FF Dachau im Winter 1962. Im Vordergrund eine Magirus-Deutz-Rundhauber-DL 25 mit Vorbauseilwinde. Dahinter ein allradgetriebenes TLF 16, ebenfalls mit runder Haube. Der „Barock-Taunus“ am linken Straßenrand ist aus dem heutigen Straßenbild schon lange verschwunden. (35)

DL 30 und TLF 16 (Magirus-Deutz-Rundhauber) der BF Köln während eines nächtlichen Einsatzes im Jahre 1962. (02)

Ein Lagergebäude (vermutlich im Kölner Hafen) ist in Brand geraten, der von mehreren Löschfahrzeugen (vorn eine Rundhauber-DL-25) bekämpft wird. (02)

Nächtlicher Einsatz eines Mercedes-Benz-LAF-311/36-TLF-16 mit Metz-Aufbau von 1959 des Löschzuges Elleringhausen (FF Olsberg) bei einem Scheunenbrand. (01)

Übung der Jugendfeuerwehr Herzebrock mit ihrem Ford FK 3500 als LF 16-TS mit Schlingmann-Aufbau am 16.9.1972 auf dem Gelände eines Bauernhofes. (66)

Magirus-Deutz F Jupiter A (Rundhauber) der FF Neuenkirchen (Lüneburger Heide) bei einem Einsatz am 30.12.1984. Der Schweinestall eines Hofes war in Brand geraten. Etwa 100 Tiere konnten leider nicht mehr gerettet werden. Das Tanklöschfahrzeug – ein 1961 gebautes TLF 24/50 vom Hamburger Flughafen Fuhlsbüttel – befindet sich seit 1981 in Neuenkirchen bis zum heutigen Tage im Einsatzdienst. (67)

Von Ziegler 1959 aufgebautes LF 16-TS auf Mercedes-Benz LAF 311/42 der FF Sigmaringen bei einem Hochwassereinsatz. (68)

TLF 16-T der FF Hameln während des Einsatzes bei einem Scheunenbrand. (01)

Unten links: Brand im Stallgebäude Goslarsche Straße 39 in Clausthal-Zellerfeld am 14. 10. 1963. Dieses Bild macht die „organisierte Hektik“ während der heißen Phase eines Brandeinsatzes deutlich. (44)

Unten rechts: Allradgetriebenes Metz-„Omnibus“-TLF-15 der FF Oelde in nächtlichem Einsatz bei einem Hausbrand am 23. 1. 1970. (23)

Der von Metz aufgebaute Hamburger RKW 10 (Typ R 10) im Einsatz am 4. 8. 1965, als ein riesiger Baumstamm auf der Ladefläche eines Krupp-Frontlenker-Sattelzuges ins Rutschen geraten war. (11)

RKW 10 der BF Hamburg bei der Bergung eines von der Fahrbahn abgekommenen Lastzuges. Der RKW wurde 1971 ausgemustert. (08)

Zum Rüstzug der BF Hannover gehörte dieser 1958 von Metz aufgebaute Kranwagen (Typ R 12,5) mit 12,5 t-Demag-Kran und 7,5 t-Heros-Vorbauseilwinde auf Mercedes-Benz LAko 315/52, der auf diesem Bild – mit ausgefahrenen Stützrollen – im Begriff ist, einen total zertrümmerten Mercedes-Benz-LP-334-Frontlenker-Lkw an den Haken zu nehmen. (05)

1184 MF 5702

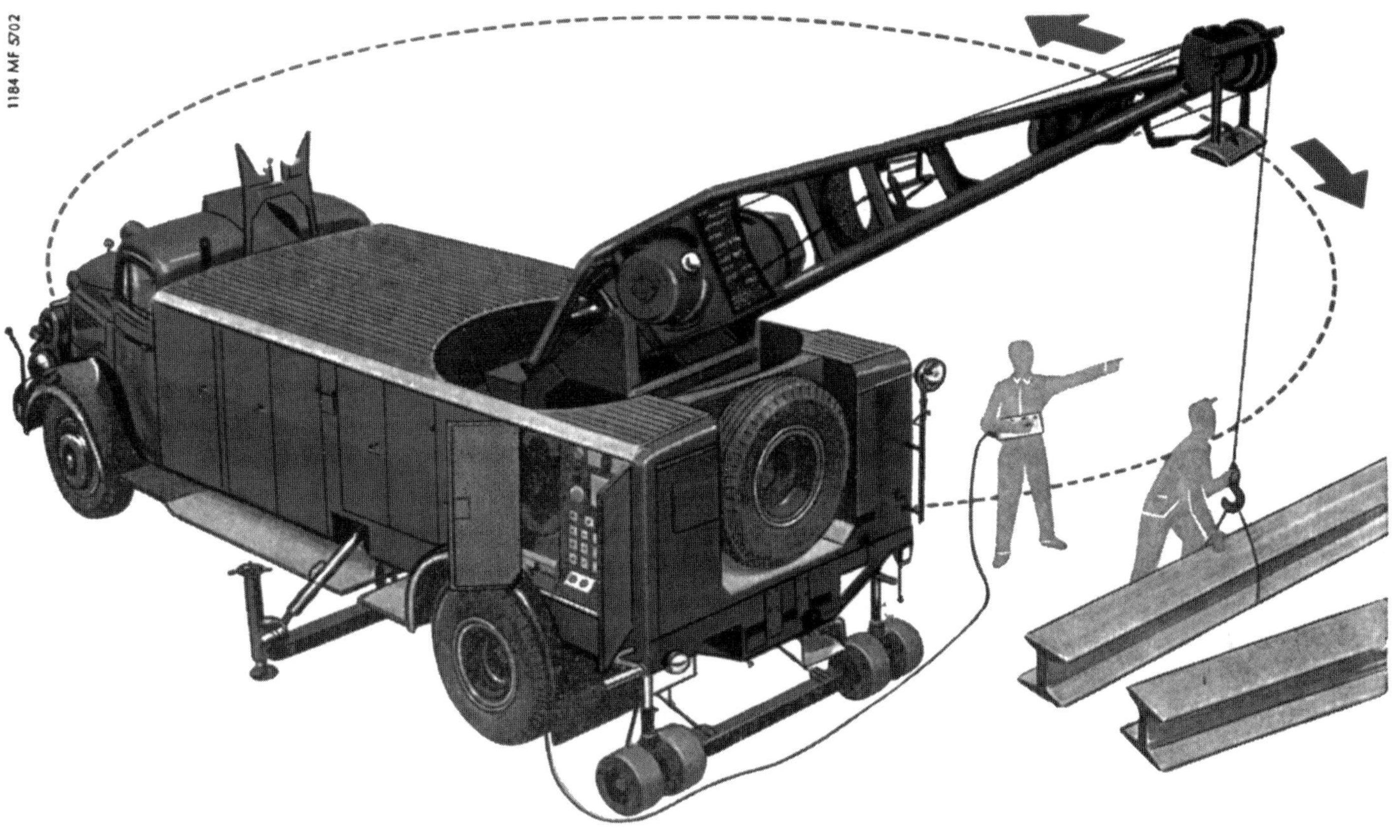

Für jeden Einsatz gerüstet

Bei Bränden und Überschwemmungen,
bei Verkehrsunfällen und Unwetterkatastrophen -
mit den Mercedes-Benz-Metz Fahrzeugen R 10 und DL 52
ist die Feuerwehr für jede Aufgabe gerüstet.

Der Rüstkraftwagen R10

ist eine „Werkstatt auf Rädern": Er besitzt einen um 360 Grad drehbaren 10-to-Kran, ein Stromaggregat für Elektrogeräte und Großscheinwerfer, 2 Seilwinden und eine umfassende Werkzeugausstattung. Ein 145 PS-Dieselmotor gibt dem R 10 Kraft und Schnelligkeit.

Die Drehleiter DL 52

auf 8-to-Fahrgestell, ist als Leiter, Brücke oder als Behelfskran zu verwenden. Sie ist mit einem 2-Personen-Fahrstuhl und Telefon ausgerüstet. In spätestens 60 Sekunden läßt sie sich auf 78 Grad aufrichten und in voller Höhe – 52 m – ausfahren.

Mercedes-Benz-Metz Feuerlöschfahrzeuge gibt es in vielen verschiedenen Ausführungen für alle Aufgaben neuzeitlicher Brandbekämpfung. Bitte lassen Sie sich von unseren Fachleuten im Werk Gaggenau unverbindlich beraten!

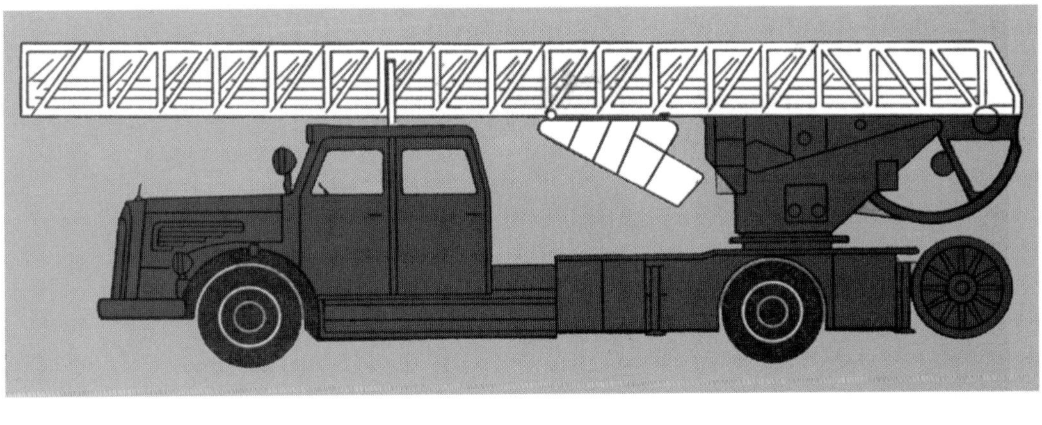

MERCEDES-BENZ-METZ

Magirus-Deutz-KW-16 (Fahrgestell F Uranus A) der BF Dortmund bei der Bergung eines leichten Baggers aus einer Baugrube ca. Mitte der 60er Jahre. (43)

KW 15 der BF Heilbronn bei einem Tankwagenunfall (Krupp-Cummins-Frontlenker) bei Lauffen am 2. 5. 1966 um 6.03 Uhr morgens. Im Hintergrund ist ein weiteres Tankfahrzeug dabei, die anscheinend nicht ausgelaufene Flüssigkeit aus dem verunglückten Fahrzeug abzupumpen. (62)

Hier nochmals der Heilbronner Magirus-Deutz-KW-15 bei der Bergung eines verunglückten 32-t-Silozuges auf Henschel HS 165 im Jahre 1961 bei Kirchhausen. (62)

EIN SYMBOL FÜR STÄRKE UND LEISTUNG

Der Magirus-Hydro-Kranwagen KW 15, mit 15 to-Kran, 15 to-Spill-Seilwinde und einem außergewöhnlich großen Benutzungsfeld, leistet vor allem in Großstädten unentbehrliche Dienste. In der letzten Zeit wurde der KW 15 an folgende Berufsfeuerwehren geliefert: Berlin, Bochum, Bremen, Bremerhaven, Dortmund, Mainz, München, Stuttgart, Wien und Wuppertal.

Unser Feuerwehr-Lieferprogramm umfaßt außer Sonderfahrzeugen: Tragkraftspritzen, Löschfahrzeuge u. Leitern von 12 bis 50 m Steighöhe in der bewährten Magirus-Qualität. Wir senden Ihnen gern unverbindlich ausführliches Informationsmaterial.

MAGIRUS

KLÖCKNER-HUMBOLDT-DEUTZ AG · WERK ULM

Ein leichter Benzintankwagen mit Anhänger (Borgward B 4500) geriet auf der Autobahn an einer Baustelle infolge zu hoher Geschwindigkeit ins Schleudern, so daß der Anhänger umkippte und der aufgerissene Tank sofort in hellen Flammen stand. Der Brand griff auch auf den Motorwagen über. Ausgelaufenes Benzin brannte auf einer Fläche von rund 100 m^2. Der herbeigerufenen BF Essen oblag es, den Brand abzulöschen und anschließend den nicht verbrannten Treibstoff abzupumpen. (25)

Ein in Brand geratener Tanksattelzug auf Krupp-Mustang wird durch C-Rohre gekühlt, um die weitere Ausbreitung des Feuers zu verhindern. (62)

Total ausgebrannter Satteltankwagen (Mercedes-Benz LS 311), abgelöscht von der BF Köln 1960. Ein geradezu gespenstisches Bild! (02)

Bildserie zu einem Tankwagenunfall in Düsseldorf an der alten Oberkassler Brücke zu Beginn der 60er Jahre. Hier scheint es noch einigermaßen glimpflich abgelaufen zu sein, so daß das gefährliche Ladegut abgepumpt werden kann. Ein ohomaligor Kranwagon dor US-Army im Dienst des örtlichen Abschleppunternehmens W. Bender beginnt mit der Bergung des umgestürzten Aufliegers. (alle 04)

Trockenlöschfahrzeug TroLF 2500 auf Büssing-NAG 5000 S von 1948 mit Total-Aufbau von 1962 der Werkfeuerwehr Enka AG, Heinsberg-Oberbruch, während einer Übung. Das abgebildete Fahrzeug wurde nach Außerdienststellung Anfang der 90er Jahre von einem örtlichen Sammler in einen restaurierten Lastkraftwagen zurückverwandelt. (69)

Übung mit einem TroLF 750 auf Unimog-S 404-Fahrgestell des Flughafens Stuttgart. (05)

Übung mit dem 1959 von der BF Köln beschafften neuen Pulverlöschfahrzeug PLF 1500 von Total, aufgebaut auf Magirus-Deutz F Mercur 125 A. Das Fahrzeug mußte anfangs bei Starts und Landungen der ersten Düsengroßflugzeuge auf dem Flughafen Wahn in Bereitschaft gehalten werden und wurde in den 70er Jahren, als die Leistungen für Flughafendienste nicht mehr ausreichten, an die FF Düren verkauft. (02)

Ein LF 15 auf Mercedes-Benz L 3000 (ehemals Schweres Löschgruppenfahrzeug-SLG) im Löscheinsatz während des Holzlagerbrandes in Husum. (72)

Großfeuer vernichtet Holzlager im Husumer Stadtzentrum

Am Sonntagmorgen des 5. August 1962 rissen um 5.15 Uhr die heulenden Sirenen in Husum und Umgebung Tausende Menschen aus dem Schlaf. Die Freiwillige Feuerwehr Husum rückte sofort aus und traf schon 3 Minuten später an der Brandstätte, einem in der Innenstadt gelegenen großen Holzlager, ein, von dem bereits ca. 200 m² in Flammen standen. Diese drohten auf die umliegenden Häuser überzugreifen.
Bereits um 5.20 Uhr konnte das angerückte TLF 16 Wasser geben. Der Einsatzleiter erkannte sofort, daß die Husumer Einsatzkräfte allein dem riesigen Feuer niemals gewachsen wären, und veranlaßte, daß Melder die umliegenden Nachbarwehren und auch die Husumer Flugplatzfeuerwehr der Bundesluftwaffe alarmierten. Während das Rundhauber-LF 16 das Feuer mit sechs C-Rohren aus südlicher Richtung angriff, übernahm das TLF 16 den Schutz der angrenzenden Gebäude. Die schon nach wenigen Minuten eintreffende Feuerwehr des Husumer Fliegerhorstes ging mit dem TLF 38 (mit auf dem Dach befindlichem Schaumwasserwerfer) von Norden her gegen die Flammen vor. Dieser Abschnitt war besonders problematisch, denn an dieser Stelle befand sich ein unterirdischer Treibstofftank der Baustoffhandlung. Würde dieser Feuer fangen – die Folgen wären nicht auszudenken! Das TLF 35 der Fliegerhorstfeuerwehr ging auf einem Lagerhof im Osten in Stellung und konnte, nach Anschluß an den Überflurhydranten vor dem Rathaus, mit der Brandbekämpfung beginnen. In kurzen Abständen trafen schon bald die Einsatzkräfte der Wehren aus Bredstedt, Rantrum, Mildstedt, Hattstedt und Heide nacheinander ein. Auch die Fliegerhorstfeuerwehr Jagel erschien mit drei Fahrzeugen.
Landrat und Kreisbrandmeister forderten alle Stellen zur Hilfeleistung auf.
Ungefähr eine halbe Stunde nach der ersten Alarmierung war das Feuer von den Löschkräften eingekreist, dessen Gewalt aber noch lange nicht gebrochen war. Im Gegenteil – die Flammen schlugen teilweise bis zu 50 m hoch und fanden in den Brettern und Bohlen und den mit Dachpappe eingedeckten Lagerschuppen immer neue Nahrung. Sie hatten mittlerweile nahezu den gesamten rund 1500 m² großen Lagerplatz erfaßt.
Angestellte der Firma und freiwillige Helfer versuchten in der Zwischenzeit, die in der Gefahrenzone abgestellten Fahrzeuge zu bergen. Aus den Büroräumen wurden Akten und Einrichtungen herausgeschafft. Die in der Nähe befindliche Garage der Bundespost mußte geräumt werden. Die Hitzestrahlung war so stark, daß der Lack der Fahrzeuge, die dem Brand zu nahe gekommen waren, sich aufzublähen begann und abplatzte. Als in etwa 40 m Entfernung eine mit Dachpappe verkleidete Dachgaube eines Wohnhauses Feuer fing, wurde dieser neu entstandene Brandherd durch die Wachsamkeit des Maschinisten vom TLF 16 mittels C-Rohr im Keim erstickt.
Durch die fast völlige Windstille wurden die Löscharbeiten begünstigt, so daß man schon gegen 6.15 Uhr den Brand unter Kontrolle hatte, d. h., der Brand blieb auf den Holzlagerplatz begrenzt. Eine erstaunliche Leistung, wenn man bedenkt, daß etwa 4000 m³ Holz, Papier, Dachpappe und Teer in Flammen standen. Die Gefahr

Die Unterstützung durch Bundeswehreinheiten war bei der Brandbekämpfung entscheidend für den schnellen Löscherfolg. Im Bild ein TroLF 750 auf Unimog S 404 (Aufbau Rathgeber/Minimax). (72)

für das stark bedrohte angrenzende Kohlen- und Brennstofflager (Heizöl) einer benachbarten Firma konnte somit gebannt werden. Insgesamt befanden sich nun fünf B- und 42 C-Rohre im Einsatz. So aufopferungsvoll die Wehrmänner auch kämpften, sie konnten bei der Gewalt des Feuers nicht verhindern, daß das gesamte Holzlager ein Raub der Flammen wurde. Das tatkräftige Vorgehen führte aber dazu, daß das Feuer auf diese Brandstätte beschränkt werden konnte.

Magirus-Deutz A 6500 als Feuerlösch-Kfz 3500/350 der Bundeswehr schleudert mit dem auf dem Dach befindlichen Werfer gewaltige Wassermassen auf den Brandherd. Der Boden ist mit Schaummittelrückständen bedeckt. (72)

Die Löscharbeiten gingen in enger Zusammenarbeit mit dem Husumer Wasserwerk vonstatten. Dieses hatte alle Pumpen in Betrieb genommen und den Druck im Wassernetz auf 7 atü erhöht. Alle nicht unbedingt erforderlichen Nebenleitungen des Wassernetzes wurden abgeschaltet und die Versorgung der Bevölkerung mit Wasser gedrosselt.

Zum Ausräumen der Brandherde wurden nun Bagger eingesetzt. Neue Schwierigkeiten traten auf, als die Flammen im westlichen Teil des Platzes ein Teerlager erfaßten und die starke Rauchentwicklung die Brandbekämpfung bei langsam auffrischenden Winden außerordentlich behinderte. Rauchvergiftungen waren daher trotz der Verwendung von nassen Tüchern und Rauchmasken unvermeidlich. Ein Feuerwehrmann und vier Bundeswehrsoldaten mußten in Krankenhäusern behandelt werden.

Gegen Mittag ging der Wasservorrat des Wasserwerks zur Neige. Die Löschwasserversorgung drohte zusammenzubrechen. In dieser Not wurden die Schleusentore des Hafens, nach Rücksprache mit dem Wasseramt Tönning, geschlossen. Da gerade Flut herrschte, konnte damit ein neues Wasserreservoir geschaffen werden, aus dem das Husumer TLF 16 und Tragkraftspritzen fortan Wasser förderten.

Die Ab- und Nachlöscharbeiten dauerten aber noch sehr lange, da immer neue Brandherde aufzuflackern begannen. Erst am 6. August gegen 16 Uhr konnten die letzten auswärtigen Löschkräfte entlassen werden. Die Husumer Feuerwehr übernahm nun mit 23 Mann die bis zum Mittwoch, den 8. August, dauernde Brandwache. Insgesamt war die Wehr 83 Stunden ununterbrochen im Einsatz. Am Mittwoch um 12.30 Uhr war das Feuer endgültig gelöscht, und die Brandstelle wurde für weitere Untersuchungen an die Kriminalpolizei übergeben. Der entstandene Schaden betrug über 1 Million DM. Als Ursache stellte sich nach Abschluß der Ermittlungen Brandstiftung heraus.

Es befanden sich zur Zeit der größten Ausdehnung des Brandes rund 200 Feuerwehrmänner im Einsatz. Dazu kamen neben Kräften der Bundeswehr auch solche von DRK und THW, die Erste Hilfe und Versorgung übernahmen. Die Bundeswehr setzte jeweils eine Kompanie Soldaten von Heer und Luftwaffe zur Hilfeleistung ein. Kräfte des THW beleuchteten nachts die Brandstelle.

Der Löschwasserverbrauch war gewaltig. Bis 15 Uhr wurden am Brandtag insgesamt 633 m³ Wasser pro Stunde aus 42 C- und 5 B-Rohren sowie zwei Löschkanonen (Schaum und Wasser) abgegeben. Darüber hinaus wurden noch 144 m³ Löschwasser aus offenen Wasserstellen bis 21 Uhr gefördert.

Es wurden 2340 m B-Schläuche und 1050 m C-Schlauchleitung verlegt. Der Verbrauch an Schaummittel betrug 5850 kg.

Der enorme Wasserverbrauch wird besonders dadurch deutlich, daß sich der Grundwasserspiegel in der Umgebung der Brandstelle so weit hob, daß er durch die Bodenplatten in die Keller drückte.

Neben dem tatkräftigen und entschlossenen Eingreifen der Löschkräfte war die Stadt Husum vor allem durch die nur an wenigen Tagen des Jahres herrschende geringe Luftbewegung einer Katastrophe entgangen. Die gute Zugänglichkeit des Brandplatzes von allen Seiten, aber auch ausreichend zur Verfügung stehende Löschwassermengen trugen ebenfalls wesentlich zu diesem Löscherfolg bei.

Einheiten des Katastrophenschutzes sammeln sich zum Einsatz während der verheerenden Waldbrandkatastrophe im Raum Eschede/Celle im Sommer 1975. (11)

Der Hagener RKW 10 (Magirus-Deutz-Eckhauber F Jupiter A mit Geräteaufbau der früheren Rundhauber-Version) setzt den Benzintank einer Tankstelle in den Boden. Anfangs wurden Feuerwehren für derartige Arbeitsleistungen oftmals um Hilfe gebeten, da Kranfahrzeuge privater Firmen nicht in ausreichendem Maße zur Verfügung standen. (39)

Tiefbaurettungswagen (später GW-Bau) der BF Köln, zusammen mit einem Rundhauber-Kofferwagen der Bundespost im Einsatz 1968. Dieses 1968 auf einem 150-PS-Büssing-BS-14-AK (Zweiseitenkipper) aufgebaute Fahrzeug führte einen Hiab-Hydraulikkran sowie Geräte und Hilfsmittel für die Bergung von Verschütteten mit sich und stand bis Anfang der 80er Jahre im Dienst. (02)

Dieser Verkehrsunfall zwischen Lieferwagen und Taxi am 6. 9. 1966 in Hamburg soll als Beispiel für den zweckmäßigen Einsatz einer Drehleiter als Kran dienen. (11)

Explosion eines Munitionswaggons auf dem Güterbahnhof Hannover-Linden

Am 22. Juni 1969 waren in den von einer E-Lok der Deutschen Bundesbahn gezogenen Durchgangsgüterzug Dg 57 767 fünf mit Munition beladene Waggons der belgischen Streitkräfte eingestellt, die nach Husum bestimmt waren. Vier dieser Waggons waren mit jeweils 216 Artilleriegranaten (Kaliber 17,5 cm) beladen, welche stehend in Holzpaletten transportiert wurden. Jede dieser Granaten hatte einen Sprengstoffinhalt von 14 kg. Der aus einer Mischung von Hexogen und Trinitrotoluol (TNT) bestehende Sprengstoff hatte mit etwa 230 °C einen sehr niedrigen Explosionspunkt. Der Inhalt des fünften Waggons bestand aus einer gemischten Ladung aus Infanteriewaffen und -munition.

In den frühen Morgenstunden des besagten Tages befand sich der Zug, nach einem betriebsbedingten Nachtaufenthalt, auf dem Weg nach Hannover. Von verschiedenen Schrankenposten und Blockstellen wurde

Kurzhauber-TLF-16 von Metz (oben) und Magirus-Rundhauber-LF-16 (mit Auer-Leuchten) und der ebenfalls beschädigten DL 37 h auf Mercedes-Benz (am rechten Bildrand) der BF Hannover nach dem Explosionsunglück auf dem Güterbahnhof Hannover-Linden. Die Seitenwände sind durch Splitterwirkung und Luftdruck deformiert. (beide 02)

an einem Waggon Funkensprühen beobachtet und weitergemeldet. Der Abzweig Waldhausen meldete an den Bahnhof Hannover-Linden: „Weißer Qualm aus dem Wagen. Zug stellen." Um 7.53 Uhr wurde der Güterzug daher auf dem Bahnhof angehalten.
Gegen 8.01 Uhr passierte der fahrplanmäßige Eilzug E 816 (Hannover-Hameln-Altenbeken) die spätere Unglücksstelle, also genau elf Minuten vor der Katastrophe! Dem Rangier- und Zugbegleitpersonal gelang es gerade noch, den vermutlich durch eine heißgelaufene Achse in Brand geratenen Waggon mit dem Zugschluß abzukuppeln. Der Güterzug mit den vier übrigen Munitionswaggons wurde etwa 120 m vorgezogen und die Explosion des gesamten Transports damit verhindert.
Um 8.05 Uhr alarmierte der Fahrdienstleiter des Stellwerks Linden die Berufsfeuerwehr Hannover wie folgt: „Bahnhof Linden, Brand an einem Waggon, Anfahrt über die neue Ladestraße". Sofort wurde der in Bereitschaft liegende Löschzug der zuständigen Feuerwache IV, bestehend aus TLF 16, LF 16 und DL 37h, sowie ein Einsatzleitwagen (ELW) der Feuerwache I in Marsch gesetzt. Über Funk erkundigte sich der Einsatzleiter nach dem genauen Standort des Waggons auf dem ausgedehnten Bahngelände.
Wenige Augenblicke später erreichte der Löschzug den Einsatzort und hielt auf der Ladestraße, etwa 60 m vom späteren Explosionsort entfernt. Für eine Erkundung der Lage, geschweige denn für einen Löscheinsatz, blieb keine Zeit, denn nun überstürzten sich die Ereignisse. Offensichtlich war sich der Zugführer, der nach Abkuppeln des hinteren Zugteils wieder zur Lok gelaufen war, nach Überprüfung der Zugpapiere erst der Gefahr bewußt geworden, die der qualmende Waggon mit seiner hochexplosiven Ladung darstellte. Ein mündlicher Kontakt zu den abgesessenen Feuerwehrmännern kam nicht mehr zustande und die Warnung über die Bahnhofslautsprecher ging in der gegen 8.12 Uhr folgenden furchtbaren Explosion unter, die den mit Artilleriemunition beladenen Waggon in Stücke riß. Die Explosion war so heftig, daß ein ca. 20 m breiter Krater gerissen wurde und acht Feuerwehrmänner sowie vier Bundesbahnangehörige durch Druckwelle und Splitter auf der Stelle getötet wurden. 31 weitere Personen, darunter drei Beamte der BF Hannover, wurden zum Teil schwer verletzt. Der in der Umgebung an Wohngebäuden und Industrieanlagen entstandene Sachschaden ging in die Millionen. Ein in ca. 25 m Entfernung auf einem Parallelgleis stehender Güterzug wurde teilweise von der Druckwelle umgeworfen. Der Güterschuppen am Ende der Ladestraße wurde von den Auswirkungen der Explosion voll erfaßt und stark beschädigt. Ebenso erging es den Fahrzeugen des Löschzuges. Splitter, herumfliegende Trümmer und die Druckwelle zerfetzten und zerbeulten die Fahrzeuge. Kurze Zeit später erschienen der Löschzug der Feuerwache I sowie ein Unfallwagen am Einsatzort. Entsprechend der vorgefundenen Lage wurden noch drei weitere Unfallwagen, sechs Krankenwagen, zwei Großeinsatzwagen, zwei Löschzüge sowie mehrere Sonderfahrzeuge zur Unfallstelle entsandt.
Nach Bergung der Verletzten und Toten wurde die Brandbekämpfung an mehreren Gebäuden und Güterwagen mit sieben C-Rohren vorgenommen, wobei äußerste Vorsicht geboten war, da sich noch weitere Munitionswaggons in der Nähe befanden. Um 17.45 Uhr war der Einsatz beendet. Dieses furchtbare Unglück war der schwärzeste Tag der Berufsfeuerwehr Hannover in der Nachkriegszeit.

RKW 10 (Baujahr 1965) auf Magirus-Deutz 200 D 16 A (200-PS-V-8-Diesel mit Luftkühlung) der BF Köln beim Abtransport von Teilen eines gefällten Baumes im Jahre 1966. (02)

Oben links: Kurzhauber-TLF-16 mit Metz-Aufbau der BF Krefeld im Einsatz während eines Brandes in einem ehemaligen Hochbunker aus dem 2. Weltkrieg. (26)

Oben rechts: Borgward-B-611-Frontlenker der BF Mülheim/Ruhr als Wasserrettungswagen während eines nächtlichen Einsatzes. (34)

TLF 16 auf Mercedes-Benz-Kurzhauber-Fahrgestell mit Bachert-Aufbau der BF Heilbronn beim Löschen eines in Brand geratenen Lkw vom Typ Krupp Titan in der Oststraße am 25. 2. 1964 gegen 10.35 Uhr. (62)

12. 9. 1978, Bauernhofbrand im Ortsteil Südkirchen. Im Einsatz befanden sich alle drei Löschzüge der Gemeinde Nordkirchen. Im Bild ein TLF 16 mit Metz-Aufbau auf Mercedes-Benz LAF 1113 des Löschzuges Nordkirchen der FF Nordkirchen von 1965. Das Fahrzeug besitzt als Besonderhcit cinc Vorbauooil winde von 4,5 t Zugkraft und befindet sich noch heute beim Löschzug Capelle im aktiven Dienst. (70)

ERFOLG DURCH QUALITÄT...

Der **zweite** Großauftrag der Berufsfeuerwehr HAMBURG über
12 Bachert-Feuerlöschfahrzeuge und
10 Bachert-AUTOMATIC-Tragkraftspritzen
wurde letzt erteilt.
Westdeutschlands größte Feuerwehr wird damit
34 Bachert-Feuerlöschfahrzeuge und
22 Bachert-AUTOMATIC-Tragkraftspritzen
im Einsatz haben.
Ein weiterer Beweis für die besondere Güte u. Zuverlässigkeit der Bachert-Erzeugnisse

GEBRÜDER Bachert BAD FRIEDRICHSHALL
FEUERWEHRGERÄTEFABRIK
Tel.: Bad Friedrichsh. 471 · Fernschr.: (Teletype) 0728/849 · Telegr.: Bachert Bad Friedrichsh.

MERCEDES-BENZ

Lösch- und Rettungsfahrzeuge

Sekunden entscheiden. Mercedes-Benz Feuerwehrfahrzeuge gewinnen sie für Sie und werden zum Retter von Menschenleben und wertvollem Volksvermögen. Mit dem zuverlässigen Mercedes-Benz Dieselmotor sind die schnellen Feuerwehrwagen mit Zweirad- oder Allrad-Antrieb immer einsatzbereit, und die modernste technische Ausrüstung der METZ-Aufbauten gibt Ihnen auch unter ungünstigen Bedingungen ein Höchstmaß an Leistungsfähigkeit. Die vollautomatische Drehleiter ist mit mehrfacher Sicherung gebaut und arbeitet wendig bei unbedingter Zuverlässigkeit.

Ein gut organisierter Mercedes-Benz Kundendienst sorgt für schnelle Erledigung aller Überwachungs- und Instandsetzungsarbeiten.

DAIMLER-BENZ AKTIENGESELLSCHAFT WERK GAGGENAU

Frontlenker-Feuerwehrfahrzeuge der BF Hamburg im Einsatz anläßlich eines Dachstuhlbrandes in der Altstadt Mitte der 60er Jahre. Bei diesem Unglück waren zwei Todesopfer zu beklagen. (11)

Fahrerplatz einer Frontlenker-DL 30 (Mercedes-Benz LPF 337/42). Dieses Bild verdeutlicht die guten Sichtverhältnisse dieser Fahrzeuge nach allen Seiten. (11)

Unten links: Mercedes-Benz-LPF 337/42-DL-30 (Baujahr 1959) mit Metz-Aufbau der FF Neuss bei einem Brand in der Innenstadt. (51)

Unten rechts: Mercedes-Benz LF 1418 der BF Hannover mit Metz-37-m-Drehleiteraufbau von 1963 im nächtlichen Einsatz in einem Wohngebiet. Die Leiter wird zum Löschen mittels Wenderohr benutzt. (32)

FLF 24 der BF Mülheim/Ruhr beim Löschen einer brennenden Scheune in der Klingenburgstraße am 29. 8. 1964. Das Fahrzeug verfügt über einen Wasservorrat von 3500 Litern. (34)

Brand eines Papierlagers in Mülheim/Ruhr. Im Einsatz befindet sich das FLF 24 der Mülheimer Berufsfeuerwehr. Schwarze Rauchwolken verdunkeln den Himmel. (71)

Buchstäblich aus dem letzten Loch pfeifen die abgebildeten Tanklöschfahrzeuge der FF Husum nach mehr als zwölfstündigem Pumpeinsatz an der örtlichen Kläranlage, der nach sintflutartigen Regenfällen erforderlich wurde. Zur Erzielung besserer Kühlwirkung sind die Motorhauben geöffnet. Rechts im Bild ein Tanklöschfahrzeug des damaligen Zivilschutzes. (72)

Das TLF 15-T der FF Herzebrock im Einsatz an der Brandstelle Bövingloh in Clarholz am 16. 7. 1958. (66)

Feuer auf dem Clarholzer Bauernhof

Zu einer Hilfeleistung wurde die Freiwillige Feuerwehr Herzebrock am 16. Juli 1958 nach Clarholz bei Gütersloh gerufen. Kurz nach Mittag brach, wahrscheinlich durch Selbstentzündung, auf dem Stallboden des Bauern und Amtsbürgermeisters Heinrich Bövingloh ein Feuer aus, das von den Bediensteten leider erst bemerkt wurde, als es sich bereits beträchtlich ausgedehnt hatte.
Die gleichzeitig alarmierten Fahrzeuge der Feuerwehren von Clarholz, Quenhorn und Lette waren zwar rasch zur Stelle, konnten aber nicht mehr verhindern, daß der Dachstuhl des Stallgebäudes den Flammen zum Opfer fiel.
Auf dem Boden lagerte die gesamte Heuernte, die teils durch Feuer, teils durch Löschwasser völlig vernichtet wurde. Erst nach zwei Stunden war der Brand unter Kontrolle; doch die Aufräumungsarbeiten, die durch die starke Rauchentwicklung erschwert wurden, dauerten noch mehrere Stunden.
Das unmittelbar an die Stallungen grenzende Wohnhaus blieb unversehrt, da es durch eine starke Brandmauer geschützt war. Verluste an Vieh und landwirtschaftlichem Gerät waren nicht zu beklagen; allerdings war der entstandene Sachschaden recht beträchtlich. Bei den Löscharbeiten verletzten sich vier Herzebrocker Kameraden.
Aufgrund der Erfahrungen bei diesem Brand – es war sehr schwierig, die schwelenden Heu- und Strohballen vom Dachboden herunter zu befördern – wurde im Jahre 1960 eine Seilwinde an dem vorhandenen Tanklöschfahrzeug TLF 15-T vor dem Kühler angebaut, nachdem zuvor die Achsen und Bremsen verstärkt worden waren.

Auch das Chevrolet-TLF-15 der FF Lette kam beim Großbrand Bövingloh zum Einsatz. (66)

Hier ist das Herzebrocker TLF 15-T (Mercedes-Benz LF 3500/36) am 24. 7. 1960 mit der nachträglich angebrachten Heros-Vorbauseilwinde während der 1100-Jahr-Feier von Herzebrock zu sehen. (66)

Der schwärzeste Tag in der Geschichte der Freiwilligen Feuerwehr Herzebrock

Einsatzbericht über den Hausbrand Jasper, Langenfeld Nr. 9, am 4. Juli 1981
Alarmierungszeit: 18.04 Uhr
Ankunftszeit: 18.10 Uhr
Die Feuerwehr Herzebrock rückte mit sämtlichen fünf Fahrzeugen aus, wozu auch das TLF 15-T zählte.
Gleichzeitig mit der Alarmierung fuhr das DRK Herzebrock zur Brandstelle. Etliche Feuerwehrkameraden eilten mit ihren eigenen Fahrzeugen zum Brandort. Nach Alarmierung der Feuerwehren Clarholz und Quenhorn waren um 18.20 Uhr vier weitere Fahrzeuge eingetroffen und insgesamt ca. 90 Feuerwehrleute im Einsatz.
Beim Eintreffen am Brandort stellten die Kameraden fest, daß offene Flammen nicht zu sehen waren. Dichter Rauch trat aus dem Dach; ein Zeichen dafür, daß die

Der am 4. 4. 1954 von der FF Herzebrock in Dienst gestellte Mercedes-Benz-LF 3500/36 als TLF 15-T mit Metz-Aufbau während einer Übung an der Ems. Im Hintergrund ein LF 8 auf Mercedes-Benz L 1500 S der gleichen Wehr. (66)

Dachhaut (Sparren und Latten) noch nicht Feuer gefangen hatte. Die Feuerwehr beschränkte sich daher auf einen Schnellangriff zur Rettung der Menschen im Wohnbereich. Gleichzeitig wurde damit begonnen, das Mobiliar aus dem brennenden Haus zu retten.
Im Bereich des Wohntraktes waren fünf Wehrmänner mit einer dreiteiligen Steckleiter zum Angriff auf das Dach vorgegangen. Nach Entfernung von Dachpfannen wurde mit einem C-Strahlrohr das Feuer gelöscht, so daß der Eindruck entstand, daß der Wohntrakt ohne große Beschädigung bewohnt bleiben konnte.
Plötzlich stürzte das Mitteldach in sich zusammen und riß den Schornstein mit sich, der den Kameraden Norbert Baum unter sich begrub. Der ab Bodendecke ca. 7,50 m hohe Schornstein war an selbiger abgerissen und stürzte in großen Brocken mit dem 14 m breiten Dach in die Tiefe. Der Schornsteinkopf, der über die Fußpfette nach unten fiel, begrub dann den Kameraden Baum.
Ein Wehrmann wurde durch den Absturz mit in das Gebäude gerissen und kam mit Rippenbrüchen, Brandwunden und einem Armbruch davon.
Ein weiterer Wehrmann konnte – von einigen Kameraden noch rechtzeitig gewarnt – von der Steckleiter in eine Tiefe von 3,50 m abspringen. Das Resultat waren ein komplizierter Schlüsselbeinbruch, Armbruch und Fleischwunden.
Der vom Schornsteinkopf voll getroffene Feuerwehrmann trug schwere Kopfverletzungen davon. Auch sein verbeulter Helm hatte ihn nicht davor schützen können.
Die mit vier Mann anwesende DRK-Gruppe bemühte sich unverzüglich um die Erstversorgung der Verletzten. Gleichzeitig wurde der Rettungshubschrauber aus Bielefeld benachrichtigt. Das Ev. Krankenhaus in Rheda, wohin der Wehrmann gebracht worden war, konnte nur noch seinen Tod feststellen.
Die Löscharbeiten wurden anschließend wieder aufgenommen und dauerten bis 22.30 Uhr. Abgeräumt wurde der Wohntrakt nicht, da die Beschlagnahme der Unfallstelle für spätere Untersuchungen ausgesprochen war.
Nach Beurteilung der Feuerwehr war dies ein ausgesprochener Unglücksfall, wenn man bedenkt, daß in den Kriegsjahren nach Bombenangriffen in den Städten freistehende Schornsteine monatelang nicht beseitigt werden konnten.

Großbrand des landwirtschaftlichen Anwesens Jasper am 4.7.1981, bei dem ein Feuerwehrmann ums Leben kam und drei weitere Verletzungen erlitten. Dunkle Rauchschwaden dringen aus dem Dach des Fachwerkhauses. Vorn das TLF 15-T der Herzebrocker Feuerwehr. Am rechten Bildrand ist ein TLF 16 auf Mercedes-Benz-Kurzhauber zu erkennen. (66)

Autobahneinsatz auf dem Kölner Ring. Blick während der Alarmfahrt aus einer Rundhauber-DL-30 der BF Köln auf den sich zu beiden Seiten stauenden Autoverkehr. Für die zur Hilfeleistung anrückenden Fahrzeuge ist zum Glück eine breite Gasse frei gelassen worden. (02)

Der Grund dieses Einsatzes war ein schwerer Verkehrsunfall zwischen einem Lkw und dem Renault R 8, dessen brennende Überreste hier gerade abgelöscht werden. Für die Fahrerin kam jede Hilfe zu spät; sie verbrannte in ihrem Fahrzeug. (02)

Bildserie eines Tankzugbrandes auf der Autobahn.
Der Tanksattelzug hat in voller Ausdehnung Feuer gefangen. Im Vordergrund der GW-Öl der BF Heilbronn auf Mercedes-Benz LF 3500/42 (ex TLF 15) mit Metz-Omnibus-Aufbau. (62)

Tankzug-Brand auf der A 81 im März 1972

Auf der Höhe von Neckarsulm geriet infolge eines Verkehrsunfalls ein mit Treibstoff beladener Tanksattelzug in Brand. Der Brand- und Hilfeleistungsbericht vom 25. März 1972, gerichtet an das Referat für Brandschutz- und Feuerlöschwesen des Regierungspräsidiums Nordwürttemberg in Stuttgart, sei nachfolgend in Auszügen wiedergegeben.

- *Großbrand mit vier oder mehr Rohren.*
- *Alarmierung über Fernsprecher.*
- *Am 24. März 1972 um 5.55 Uhr auf der Bundesautobahn km 637 (A 81) in Richtung Stuttgart.*
- *Art der Brandstelle oder Hilfeleistung: Verkehrsmittel.*
- *Name und Anschrift des Geschädigten: XXXXX.*
- *Ausgerückt waren:*

	Abfahrt (Uhr)	Eintreffen a. d. Einsatzstelle (Uhr)	Rückkehr (Uhr)	Dauer der Ausrückzeit (Std./Min.)
FF Neckarsulm				
2 TLF 16	05.55	06.00	14.30	8,35
BF Heilbronn				
4 TLF 16	06.01	06.07	13.30	7,29
1 GW-Öl	06.11	06.17	10.30	4,19
2 Kombi	06.27	06.33	13.30	7,03
FF Heinsberg				
1 TLF 16	06.20	06.30	08.28	2,08
FF Lauffen				
1 TLF 16	06.23	06.38	08.30	2,07

Ablöschen des Brandes, immer unter der Gefahr der plötzlichen Explosion der Restladung. Auch das Gras der Autobahnböschung hat Feuer gefangen. (62)

Die verunglückten Fahrzeuge. Alle Anwesenden halten sich in respektabler Entfernung zum in Brand geratenen Sattelzug, da die Gefahr weiterer Explosionen noch nicht gebannt ist. (62)

- *Was hat gebrannt, mit Angabe und Ort des betroffenen Objekts?*

Beim Eintreffen der Feuerwehren brannte ein mit 23 000 Litern Superbenzin und 8000 Litern Dieselkraftstoff beladener Tankzug in voller Ausdehnung.

- *Tätigkeit der Feuerwehr einschl. Behandlung Verunglückter (Anzahl):*

Die Feuerwehren löschten den Brand mit drei Schaumrohren und fünf C-Rohren. Der Tank wurde mehrere Stunden mit fünf C-Rohren gekühlt. Den restlichen Kraftstoff (23 000 Liter Superbenzin) pumpte die Feuerwehr Heilbronn in drei Tankwagen um. Anschließend wurden die leeren Tankkammern mit Mittelschaum gefüllt.

- *Verluste an Menschenleben: keine.*
- *Anzahl der Verletzten: ein Feuerwehrmann.*
- *Entstehungsursache: Auf den Tanklastzug fuhr ein anderer Lkw von hinten auf, wodurch der Tankzug sofort in Brand geriet.*
- *Geschätzte Höhe des Schadens: ca. 300 000,– DM.*
- *Besondere Vorkommnisse an der Einsatzstelle:*

Die Feuerwehr verständigte:

1. *Wasserwirtschaftsamt*
2. *Regierungsbranddirektor*
3. *Regierungsdirektor*
4. *stellvertr. Kbm. (Kreisbrandmeister)*

- *Die Tätigkeit war kostenpflichtig. Die Kosten werden dem Verursacher in Rechnung gestellt (Lt. § 37 a FWG)*

Das Gröbste ist geschafft. Im Vordergrund der Heilbronner GW-Öl. Gut zu erkennen ist die abgebrannte Böschung. (62)

Das verunglückte Fahrzeug. Der noch weitgehend gefüllte Tank wird durch mehrere Strahl-Rohre gekühlt. (62)

Ein breiter Schaumteppich befindet sich mittlerweile zwischen den verunglückten Fahrzeugen. (62)

Nach vollständigem Ablöschen des Brandes wird das nicht verbrannte Superbenzin in herbeigeorderte Tankwagen umgepumpt. (62)